YRSA STENIUS · MANNEN I MITT LIV

SÖDERSTRÖMS HELSINGFORS 1998

YRSA STENIUS

Mannen i mitt liv

- en kärlekshistoria — Hitler – Speer
  - förälskelse — upp och ner
  - förblindelse — kamp om kärlek,
  - [illegible] — förlorad känsla,
  - äckel — nostalgi
  - sentimentalitet

(nästan) rolig

bitsk

upprep.

- en historia om andra världs-kriget
- en resa i Speers inre – frågan om han ljuger el. inte försöker besvaras
- psykologisering
- koppling till det egna jaget (narcissismen som beskrevs i Makten och kvinnligheten) och till fadern, bakgrunden → dock inte så starkt

personligt och offentligt/politiskt — [illegible]

färdigknutna slipsar, odyl (s155)

Intressantare [illegible] är [illegible]

integritet

traditionell dikotomisering

manligt – kvinnligt

flickan som ville vara pojke
- flickorna tvingas anlita manliga hjältar, arketypen för den ensamme äventyraren är alltid manlig

- horan – madonnan

- Olympiaden
- idrott, spel, lek ↔ sexualitet

ISBN 951-52-1739-3

Tryck: WSOY, Juva 1998

I

Men om man nu tröttnat på att döma

1

Egentligen skulle han ha hängts i Nürnberg 1946.

Tillika med generalerna, med utrikesminister von Ribbentrop, med hans egen ställföreträdare Fritz Sauckel, med alla de andra som inte hann undan till Brasilien eller Mexiko eller döden för egen hand, borde han ha ropats upp i sin cell i häktet intill justitiepalatset natten mellan den 3 och 4 oktober. Liksom de andra skulle han ha vandrat bakbunden till anläggningens provisoriska gymnastiksal där galgen stod.

Men han ropades inte upp. Han vaknade ur sömnmedelsslummern när vaktens stämma ljöd och namnen på hans medarbetare och kolleger i Hitlers forna regering förkunnades ett efter ett. Ett ögonblick svirrade det till i hans huvud – egentligen borde det ha varit där, bråkdelen av en sekund tyckte han sig höra det: Albert Speer!

Nej, de hade givit honom tjugo år, Hitlers arkitekt och hisnande effektiva rustningsminister. När han mottar domen i rättssalen, näst i tur efter sin vice som saklöst dömts till döden, flämtar han till som träffad av ett knytnävsslag. Hans ”puh”, bevarat för eftervärlden i otaliga filmdokument, tillhör världshistoriens mer laddade om än svårtolkade. Han ser ut som en fotbollsspelare som i matchens sista darrande minut desperat skjuter från fyrtio meter och till sin ohyggliga förvåning ser bollen segla in. Han vet inte riktigt om han ska vara glad, arg, lättad, kränkt eller enbart överraskad. I hans mörka ögon lever dock ångesten sitt eget liv.

Albert Speer levde över trettio år från den dagen – eller natten – då han hörde de dödsdömdas steg försvinna i riktning mot gymnastiksalen som han för övrigt fick städa följande dag. Bland de omätliga mängder texter och uttalanden han lämnade efter sig finns emellertid mycket som tyder på att han aldrig riktigt försonade sig själv med att han kom undan, att hans namn aldrig ekade i fängelsets korridorer den mörka oktobernatten. Han förblev decennium efter decennium en man tyngd av bottenlös skuld.

Likväl hade Albert Speer inte varit den han var om han inte kämpat som ett lejon för att undgå galgen och därefter gjort disciplinerat bruk av var eviga minut av det liv Gud eller domarna i Nürnberg gav honom till skänks.

Under sina tjugo år i fängelset Spandau i Berlin läste han över femtusen böcker, gjorde anteckningar om sitt förflutna, sin fångenskap och sina tankar som i maskinskriven transkription formade sig till ett tretusensidigt dokument, skrev tusentals brev och tecknade en ändlös ström av teckningar för att nå fram till de minsta av sina sex barn, anlade en minutiöst planerad trädgård med hundratals arter av blommor, buskar, fruktträd och grönsaker, promenerade runt jorden, det vill säga 31 936 kilometer, i varv efter varv på en tvåhundrasjuttio meter lång slinga på fängelsegården, (han bad sin medfånge, Hitlers ställföreträdare, Rudolf Hess räkna varven, men denne ledsnade och rådde Speer att att fylla sin högra byxficka med bönor och flytta över dem till den vänstra vid varje fullt varv) lyssnade sig igenom all världens klassiska musik, med mera.

Efter sin frigivning nådde Albert Speer ny berömmelse med sina memoarer och sin fängelsedagbok som publicerades 1969 respektive 1975 och blev världssuccéer. Albert Speer blev ”nazisten som bad om ursäkt”. Oupphörligt fortsatte han att kämpa med sanningen om sig själv och sin delaktighet i Tredje Rikets brott, outtröttligt tampades han med sin skuld, aldrig försummade han ett tillfälle att tala om vad som varit, att varna för hur blindhet blir till.

Albert Speer väckte beundran hos många men misstro och motvilja hos fler. Han slutade sina dagar i armarna på en ung kvinna, hans veterligen första och enda äktenskapliga otrohet (om vi inte räknar Hitler och Spandau förstås), en människa ur hans barns generation, som förhäxad av hans karisma mottog honom med hänförelse och infriade hans fåfänga dröm om absolution.

När Albert Speer 76 år gammal går för att möta kvinnan som är hans livs första och sista fysiska passion (de fyra sönerna och två döttrarna är inte resultatet av lust och glädje i äktenskapet utan av att Albert Speer är en prestationsmänniska och fru Speer utsedd att föda hans barn), kvinnan hos vilken han några timmar senare ska dö, kan han inte låta bli att ringa Gitta Sereny. Han måste ringa denna berömda brittiska journalist som kom att bli hans sista viktiga utmanare eller, om man så vill, hans manager i den brottningsmatch med sanningen han gick livet ut, rond efter rond, ständigt flyende och ständigt återvändande för ännu ett nappatag med dem som ställde de obehagligaste frågorna.

Han vet att Gitta Sereny tycker mycket om honom men aldrig ger honom absolution. Mitt i aftonbranden som trollar med ljus och skugga i hans liv och skänker ett skimmer av försoning åt dess allra sista dag, måste han ringa Gitta.

Innerst inne förlåter han sig aldrig. Han skulle ha dött i Nürnberg. Senast i Nürnberg skulle han ha dött.

2

I samband med att Gitta Serenys monografiska mästerverk ”Albert Speer: his battle with truth” har utkommit på flera europeiska språk, bland andra svenska, har glimtar av den åldrade Albert Speer, frisläppt från Spandau och högvilt i medierna, visats i TV. Livs levande har han trätt fram inför den eftervärld som grubblat över vem han var, talat på TV-skärmen till det 21:a århundradets publik som också lever av att blunda för allt det den inte orkar veta. Och många har förbluffade noterat just denna personliga utstrålning, hans karisma.

Gitta Sereny som arbetade i över tio år på boken om Albert Speer blev otvetydigt påverkad av magnetismen i hans väsen. Hon träffade och talade utförligt med honom vid återkommande tillfällen under de sista fyra åren av hans liv. Hon mötte stora delar av hans familj och hans medarbetare från hans makts dagar – många levde ännu på 1980-talet, nu är de flesta döda.

När det gäller fakta och iakttagelser om legenden och gestalten Albert Speer kommer det knappast att finnas mycket att tillägga utöver det Sereny tagit fram och redovisat. Därför får också slutsatsen Gitta Sereny drar efter sitt gigantiska forskningsarbete en oerhörd tyngd: Sereny hävdar bestämt att Albert Speer levde och överlevde på en lögn, när han i Nürnberg – och för evigt därefter, åtminstone nästan – hävdade sin okunskap om gaskamrarna och den europeiska judendomens slutliga öde.

Icke desto mindre tillstår Gitta Sereny utan krusiduller att hon kom att tycka mycket om Albert Speer och respektera honom för det han var värd respekt för.

Albert Speer var själv medveten om sin attraktionskraft. ”Jag är alldeles för charmfull för att få framträda på en socialdemokratisk partikongress", sade han med ett ironiskt gapskratt till den holländske journalisten Dan van der Vat, som förstod varför. van der Vat tyckte i princip illa om Speer men medgav att den förre naziministern ännu vid sjuttio års ålder gjorde starkt intryck även på honom och definitivt skapade kaos bland alla schablonbilder av nazismens ledargarnityr.

Efter att mitt intresse för Albert Speer hade väckts av hans böcker såg och lyssnade jag till honom för första gången i Marcel Ophuls filmdokument om Nürnbergrättegången, "Memory of Justice" från 1975. Den 70-årige Speer talar om insikt och ansvar och det är inte tu tal om att jag fann honom alldeles för charmfull för att vara den han var: Hitlers rustningsminister, Hitlers vän om han hade haft någon.

Och man anar att han vet sitt värde, hur slipstenen ska dras, precis som den klarsynta och brutala repliken till van der Vat visar. Men där finns något annat också, något som Gitta Sereny till sist kom på spåren, det som binder mina funderingar och min fantasi vid hans öde: Där finns en avgrundsdjup sorg över ett liv som han kunde ha varit stolt över men som blev en trasa, nej ett gigantiskt blodfläckat falsarium. Där finns den obotliga ensamheten hos en man som suttit fängslad i tjugo år och stirrat en omätlig tragedi i vitögat utan att någonsin kunna tala om för någon vad han faktiskt sett.

Visst spelar det roll i min fascination att han såg bra ut. I Speers ansikte dominerar det vackra ögonpartiet och munnen, som också är vacker, sensuell och en liten aning sardonisk. Hur intresseväckande detta ansikte än är, så är det också slutet och otillgängligt. Blicken i de djupt liggande ögonen är forskande, mimiken knapp och kontrollerad. När han småler drar en solglimt genom rummet.

Jag har alltid varit svag för dem dessa slutna, enstöriga, distanserade män med gåtfull aura kring sitt väsen. De har hetat allt möjligt från Paavo Nurmi över Dag Hammarskjöld till Mauno Koivisto. Och så denne Speer, skamligt nog. Med tanke på att världslitteraturen vimlar av folk som just Sherlock Holmes, kapten Nemo, Vilho Koskela och överste Buendia är attraktionskraften hos typen allmänt känd.

Som människor är de inte alltid sympatiska dessa karismatiska figurer. Somliga är extremt osympatiska som Paavo Nurmi exempelvis. Albert Speer var ytterst belevad men emotionellt handikappad på ett sätt som leder tankarna till utpräglad narcissism, låt vara att Gitta Sereny på min direkta fråga bestämt avvisade den teorin.

Själv tror jag att en del av det som trollbinder hos dessa män är kontrasten mellan egenskaper som så gärna låter sig exponeras och något konfliktfyllt som döljs, om det så bara är något så trist som tomhet med svaga ekon av ångest. Kanske kommer dagens och morgondagens unga kvinnor inte att känna sig lockade av dessa stundom rätt farliga och i varje fall besvärliga herrar eftersom fadersgestalten sedan någon generation tillbaka är avklädd distansen och nedpuffad från piedestalen. Men jag tillhör uppenbart den ålderskategori kvinnor som växte upp med fjärran pappor som sög till sig sina döttrars feminina beundran men som inte öppnade sig i personlig närhet vare sig psykiskt eller fysiskt.

Vid ett lunchbord en midsommar kom ett sällskap akademiskt utbildade finlandssvenskar i olika åldrar att tala om ett skärgårdsoriginal med tyskt påbrå som på trettiotalet gjorde Hitlerhälsning i handelsboden när han träffade en likasinnad. ”Va” och ”nej” och ”usch” suckade framför allt de yngre deltagarna. Gubben tillhörde ortens omtyckta legender och det var svårt att tänka sig att han hade varit nazist.

I själva verket var det ju inget konstigt alls.

Visst fanns det både i Sverige och Finland, och överallt annorstädes i Europa, folk som i likhet med en Herbert

Tingsten, Torgny Segerstedt eller Gustaf Mannerheim tidigt genomskådade Hitler och avskydde nazismen från första stund. Genomskådade och avskydde av utomordentligt olika skäl varav bara en bråkdel var demokratiska. Men det var inte det vanliga.

Det vanliga i våra nordiska länder var avvaktan. För de flesta var Hitler kanske inte någon direkt tilltalande uppenbarelse men likväl fanns på trettiotalet inget facit, inte heller någon särskilt etablerad tro på demokratin men däremot en utbredd kommunistskräck. Att ta avstånd från Hitler var på intet sätt självklart och att fascineras av honom ingen omöjlighet.

Min morfar exempelvis, läkaren, vetenskapsmannen och mångsysslaren Georg von Wendt, tillhörde dem som länge ”trodde på Hitler” men gudarna ska veta att det inte var för att morfar var antisemit eller militarist. Han intresserade sig för ”välfärdsprojektet” som några korta ögonblick i epokens början tycktes ingå i det nazistiska experimentet. Därtill var han tyskorienterad till utbildning och kulturtradition och djupt främmande för den engelskspråkiga världen. Han var politiskt intresserad och engagerad, till och med riksdagsman en period på tiotalet som representant för en socialt medveten borgerlig riktning som kallade sig svenska vänstern.

I efterhand kan jag gissa att min morfar var rätt godtrogen, välvillig och blåögd, i politiken som i allt annat. Säkert spelade hotet från bolsjevikerna bakom gränsen en roll för hans benägenhet att blunda för det han inte tyckte om hos den nya tyska regimen. Det finska inbördeskriget hade ju utspelat sig praktiskt taget på hans gårdsplan.

Poängen i det här sammanhanget är att det i Sverige och Finland fanns många som han. För alla historiskt bevandrade är detta en självklarhet som egentligen inte behöver påpekas. Likväl behöver det sägas därför att de yngre generationerna i dagens Europa har bibringats en mycket mekanisk syn på den nazistiska tragedin: nazisympatisör – och fram träder bilden av ett odjur i människohamn från någon av Hollywoods dussinproduktioner.

En förutsättning för att fascineras av en Albert Speer och andra mångtydiga ledargestalter ur den europeiska historiens nollpunkter, för att apostrofera Peter Englund, är att man håller rätt historiskt perspektiv i minnet. Men inte bara det. En Albert Speer kan omöjligt fascinera någon som är bergfast övertygad om att han själv eller hon aldrig hade lånat sitt öra åt nazismens uppskruvade sirensång eller öppnat ens ett skrymsle av sitt hjärta för dess hårt spända idealism.

Självklart finns det människor om vilka man kan säga att de förmodligen aldrig hade låtit sig lockas. Men jag kan inte säga det om mig själv sådan jag var som ung. Och med erfarenhet av ett kulturliv starkt präglat av finska stalinister under hela sjuttiotalet vågar jag vara skeptisk till de flesta andra intellektuella i min generation.

Naturligtvis förblir Albert Speer bara ett osedvanligt prydligt exemplar av den grymma arten homo nazismus om man oavvänt betraktar honom ur konsekvensperspektiv. Om man inte för en enda sekund lägger bort bilden av massgravarna och tvålfabrikerna, slavlägren och gaskamrarna finns det ingen gåta i herr Speer för det som eventuellt kan te sig tilltalande hos honom blir irrelevant. Och är man ute för att döma så är det ju konsekvenserna som är kärnan i sakframställan.

Men om man nu har tröttnat på att döma. Om andra aspekter av tillvaron ter sig angelägnare att utforska än just rättrådigheten då kan man närma sig Albert Speer utifrån ett annat antagande, en annan kärna i framställningen av själva saken.

Nämligen att gaskamrarna och allt det andra aldrig någonsin hade föresvävat honom, lika litet som det idag föresvävar oss. Men att det ändå blev så och att han bar skuld därtill därför att han var en människa som drevs av mångahanda känslor och ambitioner av vilka ingen var "ond" men framkallade mycket ont. Då blir själva det faktum att Albert Speer så ofta framstår som så tilldragande, både fysiskt och intellektuellt, en hisnande motsägelse som är viktig därför att den bryter upp vårt vanetänkande.

Formulerar vi problemet så, utforskar vi inte bara Albert Speer utan också oss själva.

En äldre bekant, en professor som hela livet har varit livligt engagerad i fredsarbete och internationell politik, en hedersman, alla kategorier, räknade en gång upp vilka historiska gestalter som betytt mest för honom.

Han började med Immanuel Kant (jag förmodar att han tänkte på det moraliska imperativet och Kants idéer om samvetet), fortsatte med Bertha von Suttner, gick vidare med Nelson Mandela och nämnde till sist med viss tvekan Dag Hammarskjöld.

Dag Hammarskjöld betydde, som sagt var, mycket också för mig då jag på tröskeln till vuxenvärlden sökte tanke- och värderingsmodeller i form av förebilder. Den mäktiga våg av idoliserande personporträtt som följde på Hammarskjölds död i september 1961 (jag var då sexton år) gjorde det lätt att göra FN-chefen, som krigade för fred, till personlig hjälte.

Under några år läste jag allt om Dag Hammarskjöld och allt av honom. Jag minns att jag fantiserade om honom, bar honom inom mig som ett väsen vars närvaro fick mig att prestera, att visa mig på styva linan, som hade han varit en far eller en uppburen lärare.

Naturligtvis var det gärningarnas vid den tiden oomstridda "godhet", påspädd av den sentimentala svenska pressens ursinniga hyllningar, som utlöste mitt intresse. Jag var precis i den åldern då man beundrar de beundrade och det beundransvärda. Och detta med etiken, moralen, det svarta och det vita var tack och lov mycket viktigt, som det bör vara när man är ung.

Ju längre tiden lider desto säkrare har jag emellertid blivit på att suget Dag Hammarskjöld-gestalten utövade på min fantasi, så till den grad att bilden jag gjorde mig av honom förvandlades till en god inre följeslagare, utgick från det distanserade och gåtfulla i hans väsen medan hans allt mer ifrågasatta insatser bara var en av många poler i det mänskliga spänningsfält som attraherade mig.

Dag Hammarskjölds ”Vägmärken” var en viktig bok för den unga kammarfilosof som var jag i de tidiga tjugoåren. Hammarskjölds kristna mystik och hans varma beundran av Martin Bubers ”jag” och ”du” förvandlade jag till ett slags privat existentialism som fortfarande lever något slags liv inom mig. Människan formar själv sin stund på jorden men är likväl ingen och meningslös utan sitt sammanhang av andra människor och den seende kärlekens under. Därur uppstår de moraliska och etiska övervägandena. Ungefär så tänkte jag då – och nu.

Ja, allt detta var väsentligt. Men även hos en man som Dag Hammarskjöld, som låter sig beundras för ”goda gärningar” därför att han trots misstag och felbedömningar tillhörde dem som försökte skapa ett internationellt system för fredliga lösningar på konflikter mellan folken, även hos en sådan man är det inte den goda gärningen som fascinerar mig utan det okända. Det han dolde. Det ljuset och de goda gärningarna dolde. Namnet Dag dolde. Och jag tror det var så redan när jag var alldeles ung även om det inte var enbart så.

Och då är jag framme vid en reflexion jag gjort några gånger i tysthet och som dök upp på nytt när professorn radade upp namnen på högtstående personer som betytt mycket för honom.

De rättrådiga människorna, människorna som gjort de oomtvistat storartade sakerna intresserar mig ganska litet och allt mindre ju äldre jag blir. Jag är den första att erkänna att Nelson Mandela kan göra anspråk på att betraktas som århundradets man. Han satt längre i fängelse än Albert Speer. Han kom ut obruten liksom denne men ägnade sig minst av allt åt att dväljas i sitt förflutna utan räddade raskt sitt land och världen undan ett raskrig som dittills tett sig oundvikligt. Efter 27 år, oskyldigt dömd av den vita minoriteten, manövrerade han, mycket i kraft av sitt eget sinnelag, fram en försoning eller i varje fall en försoningsväg att gå för svarta, vita och färgade i Sydafrika.

Självklart borde man ägna sig åt Nelson Mandelas gåta. Men så blir det nu inte.

I stället får det än en gång bli Albert Speer. Albert Speer som definitivt inte satt oskyldigt dömd.

Nej, just därför.

3

Alldeles strax ska jag berätta Albert Speers historia. Berätta den än en gång på mitt eget sätt, bruten genom mitt betraktarögas personliga prisma som slipats om på många sätt under de nästan tjugo år som gått sedan jag senast fördjupade mig i ett av vår tids märkligaste människoöden.

Den politiska kartan i Europa och världen har ritats om. Kommunismen har störtat samman. Den erfarenhet ”troende” nazister världen över gjorde 1945 – och de fanns så sent som på 1980-talet då Gitta Sereny samlade material till sin bok – delas nu av hundratusentals medelålders män och kvinnor som satsade sin ungdoms idealitet och trosvisshet på den klassiska drömmen om Det Jämlika Kollektivets Kraft och kom ut med en trasa snarlik Albert Speers. Vantroget och vanmäktigt har de undrat hur allt kunde bli som det blev? Vem förrådde en underbar utopi?

De insiktsfullaste vet att det var själva utopin som var förrädisk på utopiers vis.

Albert Speer blev klar över det under sina ensamma år i Spandau då han förbluffad mindes sin egen arkitektur. Varför såg han inte vad som låg förborgat i drömmarna han drömde vid ritbordet med Hitler vid sin sida?

Lösenordet för den bok om Albert Speer jag skrev för tjugo år sedan var utan tvekan ”den narcissistiska människan”. Fortfarande intresserar mig narcissismen mycket, inte minst därför att den är både problem och drivkraft hos så många begåvade och allra helst mångbegåvade personligheter. Men lösenordet för dagens berättelse är inte längre narcissismen – fast problemet som redan nämndes inte låter sig förbigås när man skriver om Albert Speer – utan ”det ogiltiga livets tragedi”: begåvningen, fliten, ambitionen och den väldiga hungern efter att uträtta något stort som slutar i brott mot mänskligheten och ett gigantiskt ”stryk ut” i eldskrift över alla grandiosa minnen.

Så är det en sak till som får mig att återvända till Albert Speer såhär i blomman av medelåldern då bara några år återstår tills jag är äldre än min far någonsin skulle bli. Det är, som jag redan har antytt, något med pappa som spökar när jag slukar mig fram genom tusentals sidor text om och av Albert Speer. Det är något med en starkt idealiserad fadersbild och en dubbelexponerad fantasi om honom som smyger sig in som en ohörbar viskning i min gestaltning av den gåtfulle arkitekten. Det är något jag måste ta reda på om mig själv, om oss pappas flickor, som beundrade våra pappor för mycket och såg ned på oss själva för att vi aldrig kunde få dem trots att vi såg hur de njöt av vår beundran.

I Albert Speer och Hitler, deras besynnerliga känslomässiga bindning till varandra, möjligen det enda starka band någon av dem någonsin upplevde fast de aldrig lade bort titlarna med varandra, finns något jag har en vag aning om, något som sipprar fram mellan identiteter och roller som går in i varandra där Speergestalten blir både pappa och jag, där Hitler och Speer blir både pappa och jag och där ensamhet är allt som kom ut ur det mångbottnade oidipala traumat.

Ja, min far var arkitekt precis som min farfar och farmor. Liksom Albert Speer, hans far och hans äldste son. Varför tenderar arkitektyrket att bilda dynastier? Säkert för att det har hög status – liksom läkaryrket som också ofta "ärvs" – men förmodligen också för att det i all sin tekniska påtaglighet frågar efter dröm och fantasi. Jag tror man präglas av byggandets särskilda seende i en arkitektfamilj.

Pappa, född 1907, var generationskamrat med Albert Speer, född 1905. De ingick båda i en enkönad syskonskara och fann sig båda som mellansöner relativt försummade av sina mödrar. Därav kanske det förbehållsamma draget i deras väsen. Ömhet hade det inte gödslats med i deras barndom.

Där upphör likheterna bortsett från någon vag överensstämmelse i utseendet. Pappa måste ha känt väl till Albert Speers arkitektur och tyckt hjärtligt illa om den.

Pappa var stadsplanerare och ritade hus mest åt vänner och bekanta. Han avskydde allt monumentalt och blev under 1960-talet allt mer kritisk till och med mot självaste Alvar Aalto, i vars skola han hade gått, för att dennes stadsplaner tenderade att utvecklas till ett slags arkitektoniska självändamål utan förankring i det funktionella, i en genomtänkt bild av staden som samfund.

Aaltos byggnader och inredningar var dock i pappas smak

på grund av deras modernistiska linjeskönhet – låt vara att det småningom blev väl mycket marmor, pompa och ståt också i dem.

Pappa var konstnär och hade drömt om att bli målare. Likväl fann han ett sådant yrke alltför osäkert ekonomiskt och eftersom han ägde något av den dubbelhet i begåvning och livsinriktning som ofta kännetecknar arkitekter, det vill säga matematik och andra logiska discipliner roade honom en hel del, slog han in på sina föräldrars bana.

Men om något vägde över i hans dubbla utrustning så var det det konstnärliga. Han hade en utpräglad blick för skönhet både när han målade, tecknade eller planerade för att nu inte tala om hur han placerade sina hus i naturen med perfekta avvägningar mot terräng och ljusets vandringar.

Pappa var bohem till livsföringen fast under disciplinerade former. Han drack mycket men aldrig okontrollerat. Vårt hem kunde tidvis påminna om en berömd interiör från hotell Kämp i Helsingfors med utslagna stormän från konstens värld utspridda i ett hav av flaskor och glas. Men när måndagsmorgonen grydde skulle pappa till jobbet och så tog den Stora Städningen vid. Jag tror att pappa undermedvetet byggde in spärrar i sitt liv, spärrar mot det hejdlösa som han anade inom sig.

Inte mycket hos pappa påminner om Albert Speer, som ju var en ingenjörsnatur fast man inte ska frånkänna honom ett djupt intresse för estetiska värden vartill kom ett passionerat irrationellt drag i karaktären som fick honom att flyta ut över alla gränser när något projekt tog honom i besittning. Han hade försummat spärrarna. Hans egna konturer upplöstes i hans uppdrag som skulle slå världen, det vill säga Hitler, med häpnad.

Det är inte någon slående likhet mellan dessa män som lockar min fantasi. Det är beröringspunkterna och det sugande dunklet bakom.

Det är varmt och sensommardisigt kring stugan där jag skriver detta – precis som det var de där augustidagarna för länge sedan då Tjeckoslovakien invaderades av Warszawapaktstrupper och pappa snart skulle dö.

Jag kände honom egentligen inte fast vi hade pratat mycket under den senare delen av min uppväxt. Jag vågade inte sörja honom ur djupet av min vantrogna förtvivlan när han obevekligt slukades av hjärntumörens groteska förvandlingar och gick bort. Jag vände mina blickar mot andra ouppnåeliga män – ju omöjligare desto bättre. Så ser den ut, en sorg så glupande vanmäktig att den liknar hämnd.

När jag i slutet av 1970-talet läste Albert Speers "Dagbok från Spandau" och "Tredje Riket inifrån" blev jag förstås fascinerad som miljoner läsare hade blivit världen över. Det nära nog tusensidiga reportaget från Rikskansliet, Bunkern, Berghof och allt vad därtill hörde, skrivet av en man som verkligen kunde skriva var ju intresseväckande för vem som helst, låt vara att många tillika reagerade med avsky.

Men jag blev mer än intresserad. Jag blev betagen eller kanske litet besatt av denne en gång så inflytelserike tyske nazist. Visst anade jag medan jag läste att jag blev manipulerad, att mannen som uttryckte sig med all denna bildning, intelligens och humor förmodligen inte berättade sanningen, ja till och med ljög målmedvetet. Ljög om vad han visste och deltog i av fasor som omgav Hitler, friserade förlopp och förehavanden för att maka sig själv längre ut i historiens kant, glömde vad som lämpade sig att glömma.

Och ändå genljöd en ton av resonans inom mig, den här mannen ger mig svindel.

Kanske var det glimtar av byggarens seende jag kände igen. Eller var det så enkelt att bilderna av vinkelhakar, passare, linjaler, ritningsrullar, genomskinligt skisspapper, ritbräden, räknestickor, kartor och miniatyrmodeller som återskapades i Albert Speers text mynnade ut i en svindlande association:

Detta är ju pappas värld! Och vad dolde den? Till denna värld lokaliserar jag så mycket av min hängivna ungflicksbeundran för männens man. Och vad dolde den egentligen? Pappa bar inte på sådana hemligheter som Speer höll sig med. Absolut inte fast han förblev rätt hemlig för mig. Men Speer var försedd med alla de "attribut" som utlöser hänförelse hos mig, inklusive självupptagenheten. Och bevisligen deltog han i fasornas fasor i vårt århundrades Europa.

Hur kan livet vara så beskaffat? Vem var Albert Speer? Och vad hindrade min far mig effektivt från att se?

4

Albert Speer tillhörde inte det samhällsskikt som födde och närde nazismen. I hovet runt Hitler var han en outsider. Just därför blev han mäktig med åren.

Flera generationer arktiketer, ingenjörer och byggnadsentreprenörer hade skapat den förmögenhet som gav Albert Friedrich Speer, hans hustru Luise Mathilde och deras tre söner stabil "haute bourgeoisie"-status. Albert, den mellerste, beslöt sig för att följa fädernas yrkesval trots att nästan inget projekterades eller byggdes i det depressions- och inflationsförlamade Tyskland i vilket han blev vuxen.

Gamle arkitekt Speer var en gammaldags patriark med överraskande liberala politiska idéer. Han tog avstånd från Hitler och såg minst sagt skeptiskt på sin sons förehavanden. Hans hustru däremot var mer mottaglig för trollmakten i den nya, oförvägna rörelsen runt mannen från Linz. Som i så många andra överklasshem tillhörde dock politiken inte de gängse samtalsämnena vid familjens middagsbord.

I efterhand har Albert Speer upprepade gånger vittnat om övergivenhet i sina beskrivningar av uppväxtförhållandena i den burgna villan i Heidelberg. Som mellanbarn kände han sig aldrig sedd och aldrig älskad och hans skildring kunde stå som skolexempel i en lärobok om barns identitetsutveckling trots att psykologi tillhörde de få kunskapsområden Speer knappt alls intresserade sig för, förmodligen i brist på naturlig fallenhet.

Några av fångvaktarna i Spandau beskrev Albert Speer som arrogant. Han var saklig, korrekt, rationell, hygglig och till och med hjälpsam på ett väluppfostrat sätt men i grund arrogant, något som bland annat tillät honom att öppet visa vilka han gillade och vilka han föraktade. En attityd inte alltför klädsam för någon som dömts till tjugo år för brott mot mänskligheten.

Detta förändrades så småningom – tjugo år är en lång tid och Albert Speer lärde sig en hel del om både förödmjukelse och ödmjukhet – men vad fångvaktarna beskriver är utan tvekan det överklassarv Speer bar på och oreflekterat exponerade och som är lätt att känna igen hos så vitt skilda personligheter som Bertrand Russell, Olof Palme och Carl Bildt och gud förlåte mig om jag inte känner igen det i min egen familj också.

Mot denna grundmurade klassidentitet, denna nästan genetiskt betingade upplevelse av ”att vara någon” står sedan jag-svagheten Speer ger uttryck för i åtskilliga sammanhang, det ödesdigra glappet i personligheten som likt en oförklarlig luftgrop i vindarna som bär, får honom att störta inåt sin egen gåtfulla tomhet.

Albert Speers äldre bror Hermann var faderns favorit och framtidshopp, hans yngre bror Ernst moderns kelgris och Albert själv var ingens pojke.

Betydligt över sjuttio år gammal beskriver han för Gitta

Sereny den förtvivlan han erfor vid budet om sin mors död, som han fick femte året i Spandau. Så var det då hopplöst, mumlar han för sig själv, plötsligt övermannad av känslor som ett ögonblick rubbar den suveräna självkontrollen.

– Förlåt vad menar ni med hopplöst, frågar Sereny häpet.

– Ingenting, svarar han, överrumplad, jag vet inte vad jag menade.

Vad han menade var inte så svårt att lista ut säger Gitta Sereny: Så fanns då inget hopp mer om att hans mor någonsin skulle älska honom. Smärtan bränner ännu när han är sjuttio.

Det fanns hos Albert Speer en besatthet i relationen till Hitler som jag delvis kan leva mig in i. Det är den del av detta intrikata förhållande som handlar om att förtjäna sitt människovärde, om att visa vem man är, att "låta dem se på fan". Att Hitler är en mångfasetterad representation av en skeptisk förälder som sakta men säkert låter sig imponeras är en förklaring till den blinda hängivenhet Speer – denna i övrigt reserverade personlighet – utvecklade mycket snabbt. Likväl gäller för Speer, liksom för alla oss andra som av olika skäl hemsökts av samma osläckliga törst, att han aldrig kan göra nog för att få tillräckligt, att Hitler trots allt bara är en symbol, en projektion av hans inre behov och sådana blir aldrig tillfredsställda och skänker ännu mindre någonting i gengäld.

Mammas kärlek ska man inte vinna. Den måste man få.

Hugh Trevor-Roper, den världsberömde historikern, som skrivit ytterst initierat om Tredje Rikets historiska, inklusive dess socialpsykologiska betingelser, säger om Albert Speer att denne saknade inre moraliskt motstånd mot nazismen inklusive illgärningarna som låg så att säga i tangentens riktning.

Det kan tyckas vara en hård dom, särskilt som den fälls av en man som uppriktigt respekterade Speer, som i sin tur efter sin frigivning var historikern mycket behjälplig i dennes forskning.

Men Trevor-Roper menade knappast att Speer var en människa som saknade moral för det var han inte. Vad Trevor-Roper förmodligen avsåg var just denna törst, denna lidelse som sökte sitt och som slog ut syn, hörsel och förstånd, hos den briljante herr Speer, slog ut, en efter en, de själsförmögenheter som formar en mans samvete.

Jag kan ibland undra om det är något i kontrasten mellan de klassbundna förväntningarna – den självklara förutsättningen att "du är någon" – och en bortvändhet någonstans som talar om för dig att du inte är den du borde vara, som föder en mer ödslig och svårtillfredsställd revanschism än den som präglar uppkomlingen och hans mer rätlinjiga självhävdelsebehov.

Till de oförlikneliga parvenyernas skara skulle han dock söka sig, Albert Speer, och bland dem avteckna sig som den ende med klass och med stil nog att beundras av självaste Hitler, den oförlikneligaste parvenyn av dem alla.

Speer utexaminerades som arkitekt från Tekniska Högskolan i Berlin 1927, tjugotvå år gammal. Han hade toppbetyg i matematik, de olika tekniska ämnena och planering. Sämre stod det till med ritandet. Men han lärde sig. Under de tjugo åren i Spandau lärde han sig rita väldigt bra.

Nyblivna arkitekter hade inte många uppdrag att hoppas på i det slutande 20-talets Tyskland. Det gällde självfallet också Speer fast han klarade sig ju alltid. I motsats till andra hade han en familjeförmögenhet att falla tillbaka på vilket tillät honom att starta en anspråkslös liten arkitektbyrå. Det var naturligtvis första förutsättningen för att få beställningar. Dessutom hade han lyckats bli sin professors, Heinrich Tessenows favoritelev och därmed fick han arbete som dennes assistent.

Med sitt förflutna som universitetslärare med akademisk slutexamen kom han själv som rustningsminister ofta att tituleras professor Speer. Regimen törstade efter intellektuell status och förság honom med den titel han skulle ha haft om han ignorerat sirenernas sång, fjättrat sig vid arkitekturen och avstått från den farliga färden över sina egna mörka vatten med dess grynnor av maktbegär och hänsynslöshet, som lurade där under hans kultiverade yta.

Historien om hur Albert Speer ansluter sig till det nationalsocialistiska partiet är välkänd efter hans böcker och hans oräkneliga TV-intervjuer. Han är ung, står i beråd att bilda familj, depressionen behåller sitt sega grepp om Tyskland, framtiden är oviss, studenterna pratar mycket om Hitler och partiet som är på frammarsch. Det första mötet i en Bierstube, Hitler som är lågmäld, lyssnande, övertygande, fylld av tillförsikt. Spelar rollen av intellektuell bland intellektuella.

På den här punkten förskönar Albert Speer knappast sitt förflutna. Många av hans samtida – och efterföljande historiker – har vittnat om Hitlers lyhördhet inför sin publik, särskilt i början av karriären. Han visste hur han skulle bete sig med vem. Och även om modedebatten framför allt i USA idag gör gällande att tyskarna uttryckligen gav antisemiten och ideologen Hitler sitt stöd och hjälpte till med hans judeutrotningsprojekt är det i sak otänkbart att Hitler hade fått det breda stöd han trots allt fick från olika befolkningsskikt om han inte hade haft den kameleontiska förmåga Speer påtalar.

Förskönar gör Speer emellertid en aning när han påstår att han som ung var helt opolitisk och i själva verket förblev politisk novis hela sin remarkabla karriär igenom. Han var på arkitekters vis både tekniker och konstnär, utpräglat lagd åt det romantiska, men inte politiker eller ens politiskt bevandrad, hävdar han själv.

Att Albert Speer som ung saknade såväl kunskaper som omdöme på det politiska området är uppenbart men någon form av ambitioner och drömmar måste han ha skaffat sig långt innan Hitler fäste sina blickar på honom och beseglade hans öde.

Han gick in i NSDAP 1931, anslöt sig till dess relativt exklusiva motordivision – den välbärgade Speer hade bil, vilket var få partimedlemmar förunnat vid den tiden – och inom ramen för sitt passionerade bilkörande lät han sig också anslutas till ett transportkompani inom SS.

Det är inte svårt att tro Speer när han säger att han aldrig läste Hitlers "Mein Kampf" och att han inte heller reflekterade särskilt mycket över det konkreta i Hitlers orationer. Men Speer blev till att börja med betagen i något kring Hitler som ändå måste betraktas som politiskt, en fantasi, föreställer jag mig med starka estetiska inslag, men just därför bedräglig, som estetiserad politik alltid är även om intrigen handlar om ett enat folk som aldrig kan slås ned och hjältarna eller skurkarna råkar heta Che Guevara, Fidel Castro, Radovan Karacic i stället för Adolf Hitler eller Joseph Goebbels.

Den vackra bilden, den sköna historien som lockar Albert Speer innehåller ett Fågel Fenix-motiv och den fantasin delar han med miljoner tyskar. Det är med säkerhet ingen detaljerad fantasi, bara, som den tyskfödde psykiatern och författaren Helm Stierlin har skrivit, en mental beredskap att gestalta samtiden på ett givet sätt. Där finns Versaillesfredens förnedring, dolkstötslegenden om hur Tyskland sveks av sin egen politiska ledning, Weimarrepublikens dekadenta (demokratiska) kaos och så den stolte mannen med armen lyftad mot klara rymder.

Utan denna storslagna vy inom sig med dess ovedersägliga politiska inslag hade Albert Speer aldrig anslutit sig till Partiet. Därtill måste ytterligare en omständighet påpekas.

Speer var absolut inte någon medveten antisemit. Livet igenom förnekade han att han var antisemit överhuvudtaget – nästan litet patetiskt donerade han efter frigivningen från Spandau betydande delar av sina intäkter för Memoarerna och Fängelsedagboken, som såldes i miljonupplagor, till olika judiska organisationer. Men utan att tyst och oreflekterat ha bejakat det tyska värdesystem där ett visst mått av antisemitism ingick som en nonchalant axelryckning, hade Speer aldrig kunnat förföras av Hitler.

Speer är säkert ärlig när han säger att något sådant som förintelsen av Europas judar aldrig hade kunnat rinna upp i hans hjärna – Albert Speer var ingen bestialisk fanatiker – men utan att ha delat något av den grundläggande fientliga distansen till judendomen med många av sina landsmän kunde inte Albert Speer ha tillbringat många timmar i Adolf Hitlers sällskap utan att fjällen smärtsamt fallit från hans ögon.

Till den djupt förbryllande gåtan Albert Speer hör att fjällen föll, föll redan innan Hitler dog, föll alldeles särskilt i Nürnberg – och föll ändå aldrig riktigt. Sådan är kärleken.

Det är Gauleitern (distriktsledaren) i Berlin Karl Hanke som först får ögonen på arkitekt Speer, 27 år. Hitler har vunnit riksdagsvalet 1931, nazisterna formerar sig för statskuppen. Ett led i gripandet av makten är illusionsnumren, de febrila aktiviteterna för att skänka legitim inramning åt en olaglig eller i varje fall rättsligt tvivelaktig akt.

Hitler, Goebbels och Göring och de andra bygger. De renoverar och dekorerar.

Att få arkitekter att rita för sig och sin stab var i princip inte svårt för Hitler. Han höll sig under hela 1930-talet med flera favoriter, som villigt ställde upp och ju större hans herravälde blev, ju storslagnare hans byggprojekt, desto fler och namnkunnigare var arkitekterna som förklarade sig beredda.

Le Corbusier i det ockuperade Frankrike lär ha tillhört skaran.

(Bara en arkitekt får bygga det han drömmer om ritar han rentav åt Djävulen själv i Helvetet och dessutom till halva priset, påpekade den pensionerade länsarkitekten i Åbo, Olof Holmberg, på ett seminarium om teknik och etik 1996. Speer var inte den förste och inte den siste som gjorde det, även om han har gått till historien som Helvetets arkitekt och grubblat mer än de allra flesta på arkitekturens moral.)

Karl Hanke ska låta bygga ett nytt partihhögkvarter i centrala Berlin. I stället för att vända sig till professor Ludwig Troost eller någon av de andra stora och etablerade, som Hitler brukade engagera, minns Hanke sin unge arkitektkamrat i partiets motorsektion, som hade hjälpt honom med renoveringen av en partilokal i Grünewald.

5

Albert Speer står just i beråd att kliva i kanoten och bege sig ut på långfärd tillsammans med sin fru, när Karl Hanke får tag på honom. En gammal regeringsbyggnad vid Vosstrasse i Berlin ska göras om till partihögkvarter, det är bråttom, vill ni ha det, hörs Hanke fråga i telefon.

Där, precis där växlar Albert Speers liv spår. Kanoterna fiskas upp ur vattnet, den lilla BMW:n packas, färden ställs mot Berlin och Albert Speer ska aldrig mer åka på tur med sin fru, vandra i alperna eller njuta tystnaden i de stora sjöarnas dimmiga morgnar. Nästa gång han får tid att tänka, att i ostörd ro blicka ut över tillvarons mysterier, sitter han i källaren till justitiepalatset i Nürnberg och försöker förbereda sig på att dö.

Hankes chef, Joseph Goebbels, accepterar valet av den för honom okände unge arkitekten till ombyggnadsuppdraget, som skulle expedieras snabbt. Speer rekryterar medhjälpare – främst sina forna studiekamrater som han löser ur arbetslöshetens förbannelse – och hans anspråkslösa lilla byrå, som dittills knappt haft någon verksamhet alls, får fart.

Ännu har det personliga mötet mellan Speer och Hitler inte ägt rum. I det här skedet är det ett annat möte som sätter outplånliga spår i Albert Speers liv. Fast han fattar det inte själv, fattar det kanske aldrig, vilka märkliga skepnader människors längtan kan anta och hade en särskild benägenhet att anta i hans närhet.

Rudolf Wolters är en studiekamrat som får anställning på Speers byrå och som därefter följer honom som en hängiven skugga livet ut. När Speer blir rustningsminister blir Wolters hans handsekreterare som bland annat upprättar "Krönikan", den utomordentligt detaljerade journalen över Albert Speers göranden och låtanden från 1942 till anhållandet 1945 och som tillåter Speer att på sin ålders höst, när han försöker få ordning på drivorna av texter från Spandau, ladda memoarerna med den konkretion och detaljrikedom som skänker dem deras hisnande precision och autenticitet.

Inte nog därmed. Rudolf Wolters är mannen som tar emot dessa från Spandau utsmugglade biljetter, som fyller kartong efter kartong, Wolters är den som ser till att få dem transkriberade innan de faller i smulor, Wolters är den som ordnar Frau Speers och de sex barnens försörjning sedan de allierade konfiskerat allt Albert Speer äger och har.

Rudolf Wolters är den som ger Albert Speer idén till jorden-runt-vandringen på fängelsets gård och som följer honom på kartan. Rudolf Wolters är den första vid sidan av familjen som möter den sextioettårige Speer i oktober 1966 när de tjugo åren är till ända.

Och Rudolf Wolters är den som blir mest bittert besviken

vid mötet med den åldrade Speer, som dväljs i sitt förflutna, i sin skuld, i sin stolthet, i sin hejdlösa självupptagenhet och i sin utsiktslösa kamp för att bli en annan människa.

De båda herrarna står inte ut med varandra och Rudolf Wolters bryter kontakten sedan Memoarerna publicerats och Wolters fått Speers svekfullhet bekräftad svart på vitt.

(Det centrala i sammanhanget är Speers definitiva avståndstagande från Hitler och sitt eget förflutna – som enligt Wolters bara är koketteri – samt Speers vägran att nämna Wolters vid namn i det knapphändiga förordet till memoarerna – något Speer motiverar med hänsyn till Wolters själv som ännu 1970 kunde ha haft ont av att associeras för tätt med Hitlers rustningsminister. De riktiga motiven var utan tvekan betydligt mer komplicerade.)

Efter att Albert Speer i en intervju i den amerikanska tidskriften Playboy 1971 deklarerat att han hade "blod på sina händer" skriver Rudolf Wolters ett brytningsbrev som i sitt raseri vittnar om den bottenlösa besvikelsen i en havererad kärlek. Speer kvitterar det med sitt avmätta, stilsäkra "i civiliserade länder dömer man ingen ohörd" – han hade aldrig fällt yttrandet som gjorde Wolters så upprörd – "men nu har du dragit ned järnridån och jag kan inget göra".

Enligt Gitta Sereny är det sista ord Rudolf Wolters yttrar innan han dör 1976: "Albert."

Albert Speer som aldrig lär sig hitta ord för känslor sammanfattar förlusten av en vän och en vänskap, sitt livs kanske enda genuina: "Jag anklagar honom inte. Det är omöjligt att förklara hur man nått därhän att förräderiet (mot deras gemensamma förflutna, min anm.) ter sig moraliskt medan lojaliteten blir oförsvarlig. Så uppochnedvända moralbegrepp gör vem som helst vimmelkantig."

Koketteri eller inte. Tidigt blir den ur Spandau frigivne Albert Speer en mycket ensam man. Ensammare än han någonsin hade varit.

6

Nu är det snart dags för det personliga mötet mellan Albert Speer och Hitler.

Joseph Goebbels blir imponerad av den enorma effektivitet Hankes arkitekt utvecklar – och noterar senare i sin dagbok att denne Speer på alla sätt och vis förefaller att vara ett fynd.

Han ska ändra sig många gånger på den punkten.

När Joseph Goebbels blir propagandaminister i Tredje Riket efter Hitlers maktövertagande 1933, vill han ha ett flott ministerium och ett dito residens.

Ånyo ska det gå undan. Deras fåfänga är omättlig liksom deras otålighet, som vore de från början ett slags febriga roulettespelare dessa besatta män. Ena minuten babblar de om tusenårsriket, nästa måste de ha allt gjort på en gång. Var det så enkelt att de inte kunde vänta eller insåg de djupt inom sig spelets regler: Innan man vet ordet av så går det som det går, för att citera ett klassiskt uttalande av förre världsmästaren i tungviktsboxning Ingemar Johansson.

Albert Speer bygger propagandaministeriet i blixtfart. Goebbels är förtjust och undrar hur lång tid Speer behöver för att renovera ett elegant residens åt honom – ett gammalt palats är redan utvalt.

Åtta veckor drar Speer till med och arbetar därefter dag och natt biträdd av sina assisterande arkitekter och ingenjörer. En dag kommer så Hitler på besök till arbetsplatsen, ackompagnerad av Goebbels, som skrutit över hur snabbt han fixar fina representationsutrymmen åt sig. Den misstrogne Hitler ser hur hantverkare och målare formligen sveper fram över Goebbels hus och blir så intresserad att han återkommer. Hitlers passion för arkitektur och byggande är ju en aspekt av det megalomaniska drömmeriet som utmärkte det förryckta Tredje Riket.

Inför Gitta Serenys utfrågning påminner sig Speer hur Goebbels avsiktligt försöker hålla honom i bakgrunden när Führern allt mer imponerad inspekterar propagandaministerns byggarbetsplats. I det skedet föreställs Albert Speer inte för Hitler. Möjligen hade omedvetna och komplicerade svartsjukor redan då börjat härja i den emotionellt omogne propagandaministerns bröst. Möjligen ville han bara visa upp byggnadsverket som sitt eget projekt.

Det dröjer till juli 1933 innan Albert Speer föreställs för Hitler. Det är när han utvecklar ljuskatedralen och den övriga scenbilden för partidagarna i Nürnberg följande år.

Det handlar alltså om det anslående, mycket berömda, sceneri där Speer låter luftvärnsstrålkastare vändas upp mot natthimlen över läktarna på Zeppelinerfältet i Nürnberg, så att de skapar intrycket av en kupol vars tak förlorar sig i oändligheten, för övrigt den enda estetiska skapelse av Speer som gick till historien. Goebbels har anmodat honom att göra skisser och en dag vill Hitler se på dem.

– Vad sade ni till Hitler när ni steg in i hans rum, frågar Gitta Sereny fyrtiofem år senare.

– Vet inte. Goddag, antar jag. Inte "heil Hitler", ingen Hitlerhälsning med armen. Han satt och plockade isär en pistol och jag blev litet konfunderad.

Speer upprepar ordagrant minnesbilden från memoarerna.

– Men hade det inte varit naturligt ändå att hälsa på det gängse sättet, fortsätter Sereny.

– Jo, men jag var inte så mycket för det. Det kändes idiotiskt, säger Speer.

På gamla journalfilmer ser man att Albert Speer gör Hitlerhälsning både som arkitekt och senare som rustningsminister. Fast så mycket kan man komma honom till mötes att hans övningar med armen ser litet halvslappa och förstulna ut på filmerna – som vinkade han mer än hälsade – men i ingen händelse låter han helt bli.

Och mycket riktigt: Gitta Sereny noterar det välkända, generade småskrattet som han brukar ta till när han är störd av någon fråga och vill byta samtalsämne.

Kanske minns han, plågat, hur det faktiskt var. Kanske kommer skrattet så mycket före minnesbilderna att han bara känner olusten men hinner vifta undan det konkreta innan det tar plats på skärmen i hans inre.

Så fungerar ofta Albert Speers minne. Men det är inte tu tal om att han försöker. Försöker hålla kvar och fixera det ingen människa står ut med att minnas.

Hitler godkänner korthugget herr Speers skisser för partidagsinramningen och återgår till sin pistol som han omsorgsfullt rengör. Speer vänder på klacken och lämnar rummet. Ännu har ingenting hänt. Så här långt är det glädjen över uppdraget som gäller, varken mer eller mindre.

Arkitekturprofessorn med stort A och stort P i Tyskland vid trettiotalets början, är Paul Ludwig Troost, verksam i München. Hitler har bett honom bygga om Rikskanslerns residens i Berlin till en bostad värdig en Führer och arbetet är i full gång strax efter maktövertagandet 1933.

Varken Troost själv eller någon av hans projektledare är emellertid bekanta med Berlin som byggmiljö, vilket ju inte minst omfattar upparbetade kontakter med entreprenörer och ingenjörer. Hitler har en lösning till hands.

Han minns Goebbels unge arkitekt – som han inte nödvändigtvis genast kopplar ihop med partidagskoreografen som besökte honom mitt i pistolputsningen några månader tidigare – och begär att Speer, som förefaller att ha världens mest väloljade maskineri till sitt förfogande, ansluts till Troosts stab.

Albert Speer beskriver utförligt deras första möte ”på riktigt" i memoarerna. Han berättar fritt ur minnet i Spandau där han är förbjuden att ta befattning med någon litteratur om sitt eget förflutna. Hans hjärta klappar hårt av hänförelse mellan raderna när han tecknar ned detaljerna i ljusskenet från vakternas titthål in i fängelsecellen, femton sexton år senare.

"Idag kan jag ägna mig åt detta i godan ro", noterar han i november 1949.

Det är ryssarna som har vakten och deras lädersulor klapprar så ljudligt mot golvet att han hör i tid när de närmar sig och hinner gömma undan sina papper. Värre är det med amerikanernas rågummisulor. Han har varit på vippen att åka fast.

Hans hjärta klappar fortfarande när han över sjuttio år gammal försöker få Gitta Sereny att förstå.

– Här kom han, mannen som fått Tyskland att blomstra på några få år, som världen talade om och förundrades över. Här kom han, den suveräne som alla jag kände hade givit mycket för att få en blick från, här kom han till byggarbetsplatsen och ställde mig frågor.

Oftast kom Hitler i sällskap med professor Troost. Men i dennes frånvaro var Speer ansvarig arkitekt på platsen och Hitler dök upp då också.

– Han kom civilklädd, utan annan uppvaktning än en adjutant. Han var avspänd, okonstland, vänlig och tillmötesgående. Han sade bara "hallå" när han kom, hade lagt bort sin roll. Han ställde mig frågor rakt upp och ned. Jag svarade men hade aldrig känslan av att han såg mig.

– Så en dag vände han sig om och fäste blicken på mig. "Kommen Sie essen?" frågade han – det var lunchdags. Jag tappade målföret men kastade en hjälplös blick på min kavajärm, som just den morgonen hade blivit nedsölad av färg.

– Bry er inte om detta, sade Hitler. Det ordnar jag.

Och så kommer den igen, den från memoarerna välkända

berättelsen om hur Hitler lånar honom sin kavaj med Führeremblemet på bröstfickan. Hur han blir placerad vid Hitlers sida. Hur Goebbels håller på att få hjärnblödning av svartsjuka. Hur Hitler talar uteslutande med honom denna lunch.

– Jag var tjugoåtta år, säger han till Gitta. Jag var yr i huvudet av upphetsning. Förstår ni?

Albert Speer är en gammal man när han för sista gången förklarar. Han vet inte riktigt om han berättar minnen eller minnen av minnen. Men hans hjärta dunkar. För oförtrutet känner han att han berättar om det största ögonblicket i sitt liv.

Och det är detta som gör honom så svindlande och paradoxal. För efter allt vad han har varit igenom, alla år i fängelset, alla år av mörka frågor och sotsvart depression, alla Golgatavandringar med misstrogna människor spottande på honom i TV-program, utfrågningar och debatter, alla konfrontationer med representanter för överlevande judar i Europa, konfrontationer där inte ett ord av förlåtelse finns att få. Efter allt detta och hans djupa upplevelse av skuld var denna lunch fortfarande det största ögonblicket i hans liv.

Sådan var Albert Speers stolthet. Och kanske också hans ärliga oförbätterlighet: Som det en gång var – så var det.

Hitler fortsatte att personligen följa den nya Führerbostadens tillblivelse, hur hans makt och härlighet materialiserades i marmor och ornament. Allt oftare var det uttryckligen Albert Speer han sökte och såg. I regel tog han sig tid för dessa utflykter i sina grumliga drömmars land mitt på dagen, nära tolvslaget. De gemensamma luncherna blev fler och fler även om Speer inte varje gång satt vid Hitlers sida och ännu mindre bar hans kavaj.

Speer var, som sagt, vimmelkantig av sin egen upphöjelse. Men även Hitler blev på något sätt betagen, alldeles en annan människa när den unge, stilige, utomordentligt väluppfostrade arkitekten slöt upp vid hans sida.

Arten av Albert Speers och Adolf Hitlers band till varandra har analyserats och diskuterats i ett halvt århundrade av alla som intresserat sig för psykodynamiken hos den regering eller klick som styrde det osannolika och bara alltför verkliga Tredje Riket. Vi återkommer till detta längre fram.

Låt mig bara i det här sammanhanget konstatera att varken Hitler eller Speer var homosexuella, må vara att Hitler gav uttryck för vissa homofobiska drag – som ju anses dölja en djup skräck för egna homosexuella böjelser – och Speer var utomordentligt puritanskt uppfostrad så att han med sina egna ord var långt över sjuttio år gammal innan han upplevde ”fysisk förälskelse” för första gången. Det är inte för djärvt att i likhet med psykiatern Alexander Mitserlich gissa att den dragning till varandra Hitler och Speer kände innehöll en erotisk komponent som innebär att de sög ömsesidig identitet av att lustfyllt spegla sig i varandras blickar även fysiskt och genom att i anslutning därtill undermedvetet nära fantasier om varandras intimiteter.

Homoerotiska laddningar tillhör ju vardagen i utpräglat enkönade miljöer, både bland män och kvinnor och tar sig ofta både väldigt starka och idealiserande former i sammanhang där lärare och adepter möts. Gudarna ska veta att Tredje Rikets ledningsskikt var en enkönad miljö och att dessutom lärare–adept-relationen var tillämplig på Hitler och Speer.

Alexander Mitserlich och Albert Speer möttes i Spandau där den förstnämnde undersökte de sju fångarna för sin psykiatriska forskning. De båda herrarna visar ingen högre uppskattning av varandra. Speer beskriver ironiskt en beskäftig psykiater i långt hår och säckig tröja som ser deprimerande maläten ut medan Mitserlich uppfattar Speer som briljant men skrämmande.

På gamla dar ger Speer dock Mitserlich rätt beträffande

den homoerotiska aspekten av Hitlers och hans bindning till varandra. Det är anmärkningsvärt och säger något om hans uppriktiga vilja att försöka förstå vad han har gjort och varför. Att referera till erotiska ting bär normalt den hämmade Speer emot.

En episod ur memoarerna som Gitta Sereny skarpsinnigt vidareutvecklar i ett av sina många samtal med Albert Speer är belysande:

Albert Speer har under det första halvårets bekantskap med Hitler inte talat om att han är gift. För sin fru har han inte talat om att de övriga herrarna i entouraget runt Hitler minsann hade tagit med sina hustrur på olika begivenheter. Speer hade alltid gått ensam.

Till sist blir fru Speer uttryckligen inbjuden till en mottagning av den tidigare nämnde gauleitern Karl Hanke som med en viss illasinnad nyfikenhet lagt märke till att Hitler var ovetande om Margaret Speers existens.

– Får jag presentera min fru, säger Speer, klart besvärad, när paret möter Hitler på mottagningen i Berlin. Hitler rycker till som inför ett slag men finner sig inom loppet av några sekunder och säger något chevalereskt om att han förstår varför Speer gömt sin vackra hustru.

Senare söker Hitler emellertid upp Speer, ber en tjänare gå åt sidan och frågar vänligt varför Speer inte talat om att han är gift. Denne mumlar någonting obestämt varpå Hitler frågar hur länge äktenskapet har varat och får svaret sex år.

– Jaha, och hur många barn har ni?

– Inga, svarar Speer, som inte förmår sig att säga att hans fru är gravid i femte månaden.

– Inga barn, säger Hitler häpet. Klart ni ska ha barn!

Efter detta samtal fortsätter fru Speer att vara gravid praktiskt taget oavbrutet tills maken anhålls på våren 1945. Albert och Margaret Speers sex barn föddes mellan juli 1934 och september 1943, vilket får sägas vara en prestation av fru Speer.

– Så ni gjorde barnen åt Hitler, säger Gitta Sereny torrt.

Den här gången är det Albert Speer som ryggar tillbaka som inför ett slag, djupt illa berörd. Men han skärper sig, som han nästan alltid gör när Gitta fått in en träff.

– Ja, säger han samlat, det verkar så ... Bra ...

Han var inte homosexuell men nog vittnar denna episod om den väldiga intensiteten i hans upplevelse av Hitler, där återhållen och förlöst lidelse, omfattande både kropp och själ spelade en framträdande roll.

Albert Speer hävdar i sina memoarer att han var arbetsam av naturen men behövde pådrivare för att få nya uppslag och idéer. Hans forna studenter och tidiga medarbetare har långt i efterhand en annan bild.

Speer var i sin tidigaste ungdom snarare lat än överdrivet ambitiös. Han bedrev sina studier mer efter lust- än pliktprincipen och höll sig med en avspänd om än tillbakadragen livsstil.

I kraft av sin uppfostran såg han dock till att få studierna undanstökade inom rimlig tid och han var begåvad nog att göra det utan att anstränga sig. Han var ingen entusiastisk sällskapsmänniska men han saknade inte social talang – också här var givetvis hans bakgrund och intellektuella utrustning honom till god hjälp.

Sin blivande fru träffade han som tonåring. Långt över sjuttio år gammal inskärper han strängt hos Gitta Sereny att ”det var uteslutet att det skulle hända något” fast han och Margaret förvisso delade många ensamma tältnätter på sina långa kanotfärder under dessa tidiga ungdomsår. Han skulle aldrig ha tillåtit sig.

Med tanke på vad han tillät sig vid Hitlers sida under ett drygt decennium – och på att han inser hur han förförde och förfördes – är kommentaren både belysande och litet lustig. Moralens olika kategorier är djupt och arketypiskt separerade i hans inre. Och ser man till den på en gång patetiska och häpnadsväckande final i livet han till sist unnar sig, med sin unga älskarinna på ålderns höst, kan man undra om han ännu en sista gång visade prov på anmärkningsvärd hänsynslöshet eller om det är frågan om något annat: hans pinande skuld och glömskan i en förlåtelse lika fysisk som Hitlers närvaro eller mammas tröstande famn.

Alltnog, Albert Speers lustar och lidelser sattes inte i brand av kvinnan som slog följe med honom när han var en ung pojke, som väntade på honom när han utmattad och stum dök upp hemma efter långa och intensiva nätter vid Hitler hov, som födde honom barn efter barn i enlighet med Hitlers önskan, som väntade ånyo när han drog sig genom straffet för sin kärleks gärningar och som lojalt ställde sig vid hans sida när han återvände som den främling han alltid hade varit.

Han säger det själv i memoarerna: Hitler blev den stora katalysatorn i mitt liv. Det vill säga Hitler satte fart på hans livsandar, hans kreativitet och hans besatthet som till att börja med yttrade sig som arbetsnarkomani. Hans livsrytm, hans prioriteringar, hans tillvaros väsen förändrades i ett slag.

I fängelsedagboken uttrycker han det på ett annat sätt, mycket mer insiktsfullt även om han än så länge talar bara om arkitekturen: ”... jag har hävdat det för mig själv sedan Nürnberg: Hitler som den store förföraren. Men var han verkligen det? Drev han bort mig från mig själv? Eller beskriver inte snarare den komplicerade känsla av samhörighet som, vad jag än må säga eller skriva, håller i sig ända till idag, känslan av att han drev mig just till mig själv?”

Vad är detta om inte en mycket klarsynt beskrivning av en narcissistisk kärlek?

Kanske hade denna kärlek aldrig fått slå ut i blom om inte ödet hade hjälpt den på traven.

Paul Ludwig Troost avlider plötsligt i januari 1934. Albert Speer är ett kort ögonblick chockad och oroad. Hur ska det gå med byggnaderna, hur ska det gå med honom själv som trots allt i första hand var – och identifierades som – Professorns elev?

Walter Funk, sekreterare i Goebbels ministerium, senare ekonomiminister och under tio års tid Speers dagliga trätobroder i fängelset Spandau, där de grälade om allt från Hitlers eftermäle till sopkvastarnas form och storlek – Speer ansågs luta sig så ihärdigt mot sin i stället för att sopa med den att skaftet var alldeles böjt – fällde dock vid dödsbudet en kommentar som fick Speers hjärta att ta ett skutt:

– Grattis, sade han, nu är ni nummer ett!

7

Så var det även om det inte blev så riktigt med detsamma.

Till att börja med såg det ut som om Hitler själv tänkte ta över ledningen för de byggnationer Troost lämnade halvfärdiga efter sig. Hitlers gigantiska övertro på sin egen dilettantiska förmåga kombinerad med hans förakt för professionalism bidrog starkt – och gudskelov – till att Tyskland förlorade andra världskriget. I de svärmiska fantasierna om att själv stå i spetsen för den arkitektoniska omdaningen av regeringskvarteren i Berlin kom denna totalt orealistiska självbild i dagen redan 1934.

Intressant i sammanhanget är att ingen egentligen ifrågasatte Hitlers kapacitet på den här punkten, att även proffsen lät sig förblindas av en pojkdröm om övermänniskan samt att Hitler just när det gällde arkitekturen, till sist ändå böjde sig för sakkunskapen, vilket han till exempel alltför sällan gjorde inför militärerna.

I arkitekturens romantiska drömfabrik behövdes teknikernas och matematikernas kunnande för att Hitlers fantasiskapelser skulle bli ett stycke påtaglig verklighet, för att hans intentioner skulle fullföljas i korrekt utförda modeller, på krigets område räckte det med hans egen makt.

Paul Ludwig Troosts arbeten fullföljs under ledning av den 29-årige Albert Speer varefter det i juni blir dags för dennes första stora självständiga uppdrag:

I Tredje Riket ska Partiets Partidagar permanent lokaliseras till Nürnberg och Zeppelinerfältet. Speer får i uppdrag att planera och bygga hela ramverket, vilket i praktiken innebär ett slags Colosseum för Hitler.

Kolossalt blir det givetvis. I Spandau sitter Albert Speer, som numera i hemlighet ritar sportstugor åt en engelsk och en amerikansk vakt, och försöker påminna sig måtten. För siffror har han gott minne: de utgick från Cheopspyramidens rymd på 3 miljoner 277 tusen 300 kubikfot och så bredde de på, Hitler och han; han och Hitler.

Albert Speers arkitektbyrå i Berlin har vuxit till ett stort företag som sysselsätter tiotals arkitekter, ritare, ingenjörer och sekreterare. Han är emellertid fortfarande sin egen, hans firma saknar formella band till Hitleradministrationen.

Beställningarna får han av Hitler personligen eller av dennes stab. Han tar även emot andra arbeten. Ju tjockare orderboken blir desto oftare lägger han ut uppdragen eller delar av dem på andra arkitekter eller byggteam som han löst knyter till sig medan han själv förblir spindeln i nätet som utfärdar direktiven och håller ihop de mäktiga projekten.

Speers ryktbarhet i Tredje Riket växer. Han är en professionell bland amatörer i det brokiga sällskap Führern omger sig med.

I memoarerna nämner han en liten detalj om karriären som han i fortsättningen inte döljer men ogärna återkommer till: innan han fick kommissionen med Zeppelinerfältet och de permanenta partidagsarrangemangen i Nürnberg, hade han börjat klättra i det nationalsocialistiska partiets befordringsgång. Han fick titeln Abteilungleiter (avdelningschef) under såväl Rudolf Hess som Joseph Goebbels och förväntades ta över en partiverksamhet som döpts till Arbetets skönhet.

Detta frivilliga åtagande hinner Speer aldrig fullfölja. Zeppelinerfältet trillar in på hans byrå och han är ånyo upptagen 24 timmar om dygnet. Men bilden av en tekniker och estet, som av brist på politiskt intresse inte inser vem han ger sig i lag med, när han sluter avtal med Djävulen själv, har i Speers fall aldrig varit trovärdig och jävas bestämt av detta öppet redovisade minne. Om inte annat så ville Albert Speer göra karriär i Hitlers rike och han vidtog därtill erforderliga mått och steg.

Om Albert Speers vilja till ärlighet – som är något annat än att verkligen förmå sig att vara ärlig – kan sägas att han, ju längre tiden lider och ju fler frågor han svarar på, allt mer sällan hävdar denna föreställning. Han vet inte riktigt vad han ska hävda men han tillstår allt tydligare för sig själv och andra att han var en aktivare bidragsgivare till den nazistiska värdeproduktionen än han i sin tidiga självrannsakan orkade förstå.

Albert Speer har ännu inte fyllt trettio år men han basar för en stor organisation som framför allt driver Hitlers drömmar. Han är besatt av detta, narkoman på sitt uppdrag.

Speers sekreterare för hela livet, från arkitektbyrån, över Styrelsen för ombyggnad av Berlin (Generalbauinspektorat;

GBI) till ministeriet för rustning och krigsproduktion, Anne-Marie Kempf, är en av Gitta Serenys viktigaste samtalspartner ännu långt efter sin forne chefs död. Fru Kempfs känslor för Speer förblir starkt tillgivna men hon är inte oförmögen att se honom med sitt kritiska öga.

Hon beskriver denna Albert Speer årsmodell 1934 som en ovedersägligen imponerande men också ganska förbryllande ung man: Ordningen i hans hjärnkontor var häpnadsväckande, stort och smått hade han i minnet men framför allt hade han sinne för sturkturer och processer. Han såg hur allt skulle bli, i vilken ordning olika faser i projekten skulle falla in i varandra och vad som behövdes för att bitarna skulle ramla på plats med minsta möjliga tidsförlust.

I dagens terminologi skulle man kanske kalla honom cybernetiskt begåvad. Den producerande människans värld gestaltade han som maskinernas och han njöt av att dra i spakarna och se det hela fungera.

Långt senare när Albert Speer närmar sig femtio år och halvtid i Spandau faller han i trance över en ny amerikansk jaktplansmodell återgiven i en tidskrift, som han får insmugglad av en vakt som finner tillfredsställelse i att kittla den forne rustningsministerns nyfikenhet. Inför detta tekniska underverk konstaterar Speer att han aldrig upplever samma hänförelse när han bläddrar i arkitekturtidskrifterna.

Anne-Marie Kempf är som sagt imponerad av den unge Speer. Han är dessutom ovanligt behaglig att ha att göra med. Klar och distinkt, vänlig, lugn, och saklig samt dessutom generös som arbetsgivare. Men han är också egendomligt distanserad, otillgänglig och medmänskligt ointresserad. Han arbetar som en slav, hans självdisciplin är i strängaste laget för en så ung människa. Han släpper sig aldrig lös. När hans stab, som också är ung, bestämmer sig för att gå ut på restaurang när de gjort sig förtjänta av det, följer Speer med, dricker några glas och går. Först därefter känner sig kamraterna fria att festa. Heinrich Tessenows forne assistent, studenternas kompis, som tog livet ganska lätt, är i grund förvandlad.

Redan vid den här tiden fanns det något avskärmat hos Albert Speer, berättar fru Kempf. I den kokande grytan av ambitiösa och lidelsefulla människor som omgav honom och som var styrkan i hans byrå och visade talangen i hans rekryteringskonst, förblev han totalt okunnig om alla mänskliga och känslomässiga förvecklingar som var den självskrivna baksidan av att föra samman skapande personligheter av mångahanda slag.

Det var naturligtvis till en del tryggt och bidrog till att bygga upp Speers auktoritet – chefen var aldrig insyltad i någonting av den enkla anledningen att han ingenting såg och ännu mindre förstod. Men det var naturligtvis också ett handikapp, som ett slags vakuum i livsrummet runt omkring honom.

Han såg inte, förstod inte, visste inte, var inte med. Och ändå ledde han verksamheten. Temat slås, som sagt var, an mycket tidigt. Kanske är det denna konstitutionella avskärmning, detta att han alltid varit inlåst i sig själv, som är den fatala bristen i hans rika utrustning – men, ska det visa sig, något av en styrka i det liv som på gott och ont blev hans öde. Det är sannolikt detta personlighetsdrag som hjälper honom genom de tjugo åren i Spandau och bidrar till att han som få andra kämpat med seende och blindhet som moraliskt människoöde.

I memoarerna beskriver Albert Speer hur han under dessa hektiska år ibland drabbades av psykosomatiska besvär, som vi med dagens psykiatriska kunskaper kan diagnostisera som panikångest. Attackerna kom med en viss regelbundenhet ofta i samband med att han kände sig instängd, på ett tåg eller i en trång gång.

Fru Kempf liksom också fru Speer berättar att det var fråga om allvarliga anfall som inte sällan slutade med att Speer svimmade.

Albert Speer hade av allt att döma ärftligt betingad disposition för hjärt- och kärlsjukdomar och skulle möjligen ha dött i femtioårsåldern om inte hans intensiva fysiska aktiviteter i Spandau kombinerade med den fettfattiga kosten hade givit honom många extra år, som om gudarna hade bestämt att han skulle leva det drama till slut de själva så sinnrikt hade hittat på åt honom.

Säkert bidrog hjärt- och kärlproblemen till att Speers ångestattacker slutade i att han tuppade av men hans egen nästan aningslösa beskrivning av hur de kom tyder på att ursprunget var psykiskt och att något i det oigenomträngliga djupet av hans själ signalerade fara inför hans allt grandiosare livskonstruktion. Han visste mycket väl att de höga höjderna oftast på någon sida vetter mot avgrunden.

1935 godkände Adolf Hitler Albert Speers planer för de permanentade partidagarna i Nürnberg med den enorma Stadion för 400.000 åskådare i mitten, omgiven av administrationsbyggnader i nyklassicistisk stil. Speer lät bygga en modell av sitt gigantiska verk och sände den till världsutställningen i Paris där den erövrade Grand Prix 1937.

Heinrich Tessenow, Speers lärare och tidiga förebild, är inte imponerad av sin forne favoritelevs verk.

– Tja, det är stort, är hans enda kommentar till de första Nürnbergplanerna. Och några år senare när Speer stolt förevisar honom det väldiga splitternya Rikskansliet, som är ett av de få arbeten av Speer som fullt ut färdigställdes, på dagen enligt tidtabell som den stolte unge arkitekten påpekade för sin gamle professor, kvitterar denne torrt:

– Kanske skulle Ni ha tagit er mer tid?

Speer tar emellertid inte särskilt illa vid sig av Tessenows kommentar. För det första vet han att Tessenow hyser socialistiska sympatier, för det andra vet han att denne avskyr allt stort och för det tredje drar han slutsatsen att Tessenow, som förvisso lärt honom mycket, inte är i takt med tiden.

Det är lätt för vilken iakttagare som helst – även den åldrade grubblande Speer – att notera att varningslamporna börjar tändas kring den framgångsrike arkitektens ritbord.

Arbetet med att bygga efter Speers monumentala planer inleddes i Nürnberg 1937. Tanken var att hela anläggningen skulle stå klar 1945 – ungefär vid den tid då i verkligheten Tyskland låg i ruiner och Albert Speer såg staden från en helt annan sida – som rannsakningsfånge i häktet, inrymt i justitiepalatsets källare.

Efter de första spadtagen, som Hitler och hans arkitekt hedrade med sin närvaro, blev inte så mycket gjort. Hitlers drömmar om att forma världen efter sitt skön och hämnas sin störda självkänslas verkliga och inbillade oförrätter med en revansch utan gränser hade lämnat illusionsverkstäderna bakom sig och riktat in sig på handfastare verklighet. Eller var det kanske tvärtom? Startade han andra världskriget för att snabbt och effektivt få världsherraväldets inramning till sin grandiosa arkitektur?

En minnesbild glimtar till i Albert Speers memoarer. Han har påpekat för Hitler att tävlingsbanorna i hans Stadion inte svarar mot de olympiska måttbestämmelserna. Speer har förälskat sig i den antika arenans hästskoform och klargör för Hitler att något kanske måste ändras ifall tanken faktiskt är att hålla exempelvis olympiska friidrottstävlingar i den nya, hästskobaserade amfiteatern.

Hitler viftar nonchalant undan Speers bekymmer.

– 1940 ska olympiska spelen enligt planerna hållas i Tokyo – därefter kommer de att hållas i Nürnberg för gott. Och då är det Ni och jag som bestämmer vilka mått som gäller, genmäler Hitler.

Redan i Spandau grubblar han över varför han inte reagerade. Redan då. Varför reflekterade han inte över vad Hitler faktiskt sade, över innebörden som inte var svår att lista ut.

– Jag var ju idrottsintresserad och hade engagerat följt alla olympiska spel under min uppväxt. Jag visste mycket väl att arrangemangens förflyttning över länder och världsdelar var en del av själva den olympiska tanken. Jag borde åtminstone ha studsat inför denna egenmäktighet hos Hitler.

– Men det gjorde jag inte, förklarar Speer för Gitta Sereny, som är finkänslig nog att inte säga det många tycker, nämligen att han borde ha studsat mycket tidigare och för helt andra saker.

Albert Speer undrar allvarligt förbryllad över, att han inte drog öronen åt sig inför Hitlers arroganta och självförhärligande kommentar om de olympiska spelen 1937.

Emellertid undrar han inte över varför allt annat han dittills hade hört av Hitlers synnerligen vidlyftiga svada lämnade honom helt oberörd. Till exempel tillhörde judarnas ondska och allmänna undermålighet Hitlers älsklingsämnen utan att Speer egentligen i efterhand grubblar särskilt mycket över att han inte fann det hela stötande.

Vad Albert Speer rakt på sak ger uttryck för – eller i ett ögonblick av ouppmärksamhet inte hinner dölja – är att detta med olympiska spel var angeläget för honom och borde ha utlöst en larmsignal. Allt det andra, inklusive judarna, det gav han blanka sjutton i och därför orkade han inte ens notera vad Hitler sade.

Litet orättvis mot Albert Speer är insinuationen att han inte undrade över varför judehatet kunde passera utan att störa hans frid. Visst undrar han i några sinistra passager i sin dagbok. I memoarerna har han dock främst behov av att försvara sig: Hitler höll för det mesta igen i hans sällskap.

Det påståendet är förmodligen sant. Alla som på allvar försökt förstå och förklara fenomenet Hitler, som ju inte bara förförde massorna i Tyskland utan hade tillräckligt många anhängare i tillräckligt många eliter för att under hela trettiotalet framstå som en relativt oifrågasatt tysk statschef, påpekade att Führern var utomordentligt känslig för stämningarna hos sin publik och vad som var gångbart med vem.

Så som helhetsbilden av Hitlers relation till Albert Speer avtecknar sig under de storslagna arkitekturdrömmarnas tid i mitten på trettiotalet, är det rimligt att anta att den först nämnde visade upp sina mest civiliserade sidor för den senare. Knappast för att medvetet föra Speer bakom ljuset utan för att denne med hela sitt väsen, sin yrkeskunskap och sin kulturbakgrund vädjade till det segmentet i Hitlers disparata personlighet, till behovet att härma de kultiverade.

Men Albert Speer återger i Spandau, fritt ur sitt utmärkta minne, hela kaskader av Hitlers otyglade retorik, där han allt som oftast halkade in på judarna även om temat från början hade varit något annat. Minnesbilderna daterar sig ungefär till den tid då Speer sakta men säkert sugs in i den regelrätta statsadministrationen, alltså trettiotalets senare hälft.

Så nog hade han hört det mesta ganska tidigt – dock helt säkert inget om den slutgiltiga lösningen eftersom denna inte rann upp i Hitlers och Himmlers huvud förrän långt senare. Hur kommer det sig att han inte stöttes bort av dessa mindervärdiga litanior?

Det finns många svar på den frågan, svar som ansluter till det moraliska sammanbrottet som fenomen, rasets mänskliga anatomi och som jag ska återkomma till i ett senare kapitel. I det här sammanhanget vill jag bara konstatera följande:

Albert Speer var som alla samtida vittnen konstaterat en emotionellt kontrollerad, distanserad, sval person med god uppfostran. Det är helt säkert sant att han inte personligen ägnade sig åt att hetsa mot judarna eller att applådera andra som gjorde det.

Dock var han, som jag tidigare påpekat, inte helt fri från antisemitism så till vida att han halvmedvetet såg ned lite grann på judarna som kollektiv trots att han uppskattade och samarbetade med många enskilda som i en eller annan bemärkelse kunde mäta sig med honom själv. Albert Speer var överklassarrogant men ingen passionerad rasist och han gillade intelligens.

Albert Speer var inte intresserad av människor, blev det heller aldrig fast han kämpade i trettiofem år med mänskliga angelägenheter som moral, ansvar, lojalitet och humanitet.

Den drygt trettioårige Albert Speer fäste inte avseende vid Hitlers snack om judarna för han var så upptagen av den Hitler som närde hans svällande ego. Eller kanske Speers halvmedvetna tankar kan uttryckas så här: Om man ska vara ärlig pratade Hitler oavbrutet och det blev en vana att inte ta honom på orden, att snarare delta i en verbal ritual för dyrkande av Hitlers storhet än att lyssna till vad han sade. Och lyssnade man... ja, han kunde ju vara överdriven i många sammanhang och vad judarna beträffar... tja, något kanske det låg i vad han sade.

Ungefär så föreställer jag mig att sprickan i Albert Speers moraliska motstånd mot Hitler såg ut till en början. Det var en spricka av likgiltighet, inte av onda avsikter, såsom fallet är hos de flesta av oss när vår anständighets inre fästen börjar vittra sönder. Sprickan vidgades så småningom hos Speer och blev till en ravin av blindhet, desperation och humanitär avtrubbning.

Inte heller det är särskilt ovanligt. I varje fall inte i krig.

8

Den 30 januari 1937 utnämner Hitler Albert Speer, ännu inte 32 år, till chef för det nyinrättade Generalbauinspektoratet som alltså ska sörja för ombyggnaden av Berlin. Med Speer som sin första – och sista – generalinspektör växer sig verket hastigt jättestort.

Utnämningen innebär en avgörande förändring i Speers formella position. Fast han försöker upprätthålla sin privata arkitektbyrå vid sidan av sina funktioner i det nya ämbetet, är han nu inte längre ”fri”. Han ingår i Tredje Rikets ledning i en ställning som motsvarar de underordnade ministrarnas. Han får en plats i det diplomatiska protokollet. Speer är närvarande i de flesta officiella representationssammanhang.

Ganska snart smälter byrån och myndigheten GBI ihop. Albert Speer har fått en uppgift så hisnande för vilken arkitekt som helst att den slukar varje annan verksamhet samtidigt som den är nästan overklig: Han ska bygga världshuvudstaden, från grunden om han så vill!

Tio år senare fraktas han i handbojor från Nürnberg till Berlin och fängelset Spandau. Det är vackert väder under flygturen och han betraktar strax före landning sin sönderbombade stad där det ståtliga rikskansliet står utbränt. Han ser för sig sin drömda paradgata, öst–väst-axeln, som sedermera vänder sig runt sin bestämmelse och materialiseras i en mur på rakt motsatt led.

I Spandau fråntas han kläder och namn. Som nummer fem vandrar han in i cellblocket för att komma ut nitton år senare. På ankomstdagens kväll slänger den amerikanske vakten en filt på hans brits. Den är upphämtad på något tyskt koncentrationsläger och det står GBI på den.

Albert Speer har, som vi väl vet, hamnat rätt när han blir chef för en växande administration. Han har sakligt sinne för sina svagheter och sina starka sidor. Ekonomi till exempel vet han inte mycket om och han rekryterar den expertis han behöver. Många är judar.

En gång, ett världskrig senare i Nürnberg, ska det räknas honom till godo att GBI var känt som tillflyktsort för folk som "hade problem" med regimen. Speer frågade inte efter partitillhörighet när han anställde och om professionellt attraktivt folk anförtrodde honom att de inte kunde tänka sig partianslutning kvitterade han på Speermaner: Spelar ingen roll, det räcker med att jag är ansluten.

Men Albert Speer vore inte den han faktiskt var ifall inte hans myndighet till sist skulle bli känd även för andra ting: Den ansvarade för folkomflyttningen i Berlin efter att bombningarna av huvudstaden börjat 1941. Först tömde man judekvarteren och skickade invånarna österut till koncentrationsläger. Speer skötte inte dessa uppgifter själv eftersom han fortfarande var upptagen av den arkitektoniska framtidsplaneringen – i Hitlers fantasi skulle ju kriget snart vara avslutat i form av ett kapitulerat Europa. Men han var klar över vad som pågick.

Än är vi dock inte framme vid 1941, inte ens vid 1939 och upptakten till kriget. Speer har utan krusiduller fått den storslagna utnämningen vid ännu en lunch med Hitler. Han har tagit med sig sina favoritarkitekter, bland dem Rudolf Wolters, samt sekreteraren Anne-Marie Kempf från byrån. Det planeras av hjärtans lust.

Allt eftersom planerna för världshuvudstaden Germania färdigställs låter Speer bygga miniatyrmodeller av förslagen och framtidsdrömmen tar småningom konkret form i en stor utställningshall dit Hitler med eller utan gäster styr kosan i stort sett varenda dag. Albert Speer får finna sig i att bli väckt mitt i natten eller sliten från de sjudande aktiviteterna i sitt styrelserum för att med pekpinne i handen lotsa en hänförd Hitler genom modellens segeravenyer, under dess illusoriska triumfbågar.

Som nummer fem i Spandau, brutalt tillnyktrad efter det megalomaniska rus Tredje Riket bjöd honom på, fäller Albert Speer en av sina mest berömda, självironiska kommentarer till vad Hitler och han själv höll på med:

Han minns kupolhallen som skulle avsluta nord–sydaxeln i söder och dess osannolika mått. I dess innandöme skulle betydligt fler få plats än vad Globen i Stockholm tar idag och högt i kupolens rymder skulle talarstolen för Hitler vara rest.

– Det bekymrade mig litet, säger Speer i Spandau, att vi hade tagit i så våldsamt att Hitler själv i sin talarstol hotade förvandlas till en optisk villa.

Anmärkningen är intressant utöver det den säger om de drömmande herrarnas fördunklade sinne för proportioner. Den säger nämligen något om den romantiska, upphöjda men oprecisa roll Adolf Hitler spelade i Albert Speers fantasier under dessa år han själv ser tillbaka på som lyckliga, ännu – i varje fall till synes – oanfrätta av den moraliska röta han fick ägna resten av sitt långa liv att grubbla över.

Han bygger på Hitlers uppdrag, han bygger åt Hitler. Samtidigt bygger han dock i dimensioner och material som kräver lång tid för byggnaderna att fullbordas. Han bygger för tusenårsriket i en klassicistisk stil som arbetar med väldiga symboler för makt men också för kontinuitet och evighet.

Hitler är vid den här tiden femtio år gammal. Mänskligt sett kunde Speers byggnader, när de väl hade stått färdiga, bli en hyllning till den åldrade diktatorn men de skulle fylla det mesta av sin funktion för dem som skulle komma efter.

Men vad skulle komma efter? Ingenting som någon högt uppsatt nazist sysslade med i det hektiska Tredje Riket var tänkbart utan Hitler. Livet efter Hitler var en abstraktion.

Kupolhallen där Hitler upplöser sig i intet under det välvda glasets himmelsbåge är en anomali till tanke och utförande, en konfys förening av oförenliga intentioner och tidsperspektiv: Speer byggde så stort och tusenårigt för Hitler att Hitler försvann och med honom de tusen åren. Albert Speer lever i en exalterad dröm, en overklighet där ingenting är som det är, allt är redan i nuet historia, allt är i födelseögonblicket fryst till monument över något som aldrig blev – om man bortser från allt blod som kom att flyta, något som monument i regel formas av hur mycket granit och marmor vi än gjuter dem i.

När vi grubblar över trovärdigheten i Albert Speers moraliska jakobsbrottning med sig själv ska vi minnas denna atmosfär av historisk fiktionalisering av vardagen som han levde i de sex första åren som Hitlers favorit. Jag föreställer mig att sådant bidrar till en massiv och ihållande realitetsförlust hos vilken människa som helst och då alldeles särskilt hos en romantiskt lagd, medmänskligt tillbakadragen personlighet som Speer.

Småningom ska ju Albert Speer lämna ritbordens drömfabriker och bli vapenproducent i stället. Mycket tyder på att han med dessa historiens vingslag ständigt susande i öronen och flaxande för ögonen förblev oberörd av bytet i många år. Hans uppdrag hade länge varit stort nog.

Karl Hettlage är ekonomie doktor och till sin bakgrund och läggning ganska lik Albert Speer. 1937 värvas han till Generalbauinspektoratet för att bistå generalinspektören med råd och dåd i ekonomiska angelägenheter.

Speer och Hettlage blir nära arbetskamrater. Men när Speer vandrar runt jorden i sitt 270-metersspår på Spandaus gård gör Hettlage karriär hos Konrad Adenauer, Västtysklands förbundskansler (1949–64). Gitta Sereny träffar honom som gammal när Albert Speer är död sedan många år.

Hettlage är fortfarande imponerad av Albert Speer.

– Han var en märklig man, påminner sig Hettlage. Inte minst var han märklig i sin omgivning. Han saknade helt den officiösa framtoningen som var ledningsskiktets kännemärke.

Hettlage minns hur han till att börja med fann Speer nästan skrämmande ung för den position han hade erövrat. Men förskräckelsen lade sig.

– Han utstrålade inte den makt han faktiskt besatt, säger Hettlage till Sereny. Han verkade knappt medveten om den. Han var hundraprocentigt koncentrerad på sina uppgifter och det var kompetens han brydde sig om hos sig själv och andra. Han saknade helt later.

Det är svårt att tro att Albert Speer skulle ha varit omedveten om sin makt och oberörd av den. Men han behövde inte makten för sin fåfängas skull och hade därför inte heller behov av att exponera den.

Speer var ingen dussinnarcissist med ett omättligt behov av att pråla i spegelsalarna för prålandets egen skull, det vill säga för att kompensera sin inre tomhet. Speer var försedd med sin fina familjs borgerliga moral. Den betonade prestationerna, en fast växelkurs mellan insats, respektabilitet och ryktbarhet. Han stod stadigt i sin klass självförtroende och stilkänsla. Enligt den var det tomma tunnor som skramlade mest.

Dessutom var Albert Speer genuint utmanad i kärnan av sin mångfasetterade begåvning. Han fick stor tillfredsställelse av blotta segern över utmaningen, av att se det hela gå i lås. Han behövde inga pukor och trumpeter för att känna sig belåten.

Nej, Albert Speers tomhet och besatthet var av mer komplicerat slag. Hitler är den förblindande kraften. Eller snarare är det den suveräne diktatorns nästan blyga beundran, försynta uppvaktning som förför.

Det var Karl Hettlage som gjorde den uppseendeväckande iakttagelsen och uttryckte den inför Speer:

– Vet ni vad ni är herr Speer, frågar Hettlage som enligt Speers memoarer nyfiket iakttagit dem båda tillsammans. Jo, ni är Hitlers olyckliga kärlek.

I vardagsrummet i sina föräldrars och sedermera sina barns villa i Heidelberg, fyrtio år senare, minns Speer tillfället och svarar på Gitta Serenys fråga vad han kände.

– Jag var bara lycklig, svarar han. Inget annat.

När Albert Speer tecknade ned sina minnen i Spandau i början av 1950-talet gjorde han inte en enda reflexion över judeförföljelserna som pågick framför näsan på honom där han arbetade och stod i med sina byggnader och sin ståtliga arkitektkarriär.

Speer hade skrivit ihop stommen till sin åttahundrasidiga succébok i fängelset på ett enda år. Lapparna av bland annat toalettpapper och cigarettpaketskartong hade format sig till ett transkriberat manus på nära tretusen maskinskrivna sidor. Han är mördande effektiv vad han än företar sig, Albert Speer. Effektiv och disciplinerad.

I ”Dagbok från Spandau” låter Speer förstå att manuset tog honom två år att skriva. Men Gitta Sereny, som efter Speers död får tillgång till alla dennes papper, även det oredigerade råmaterialet till det som skulle bli både memoarer och fängelsedagbok, upptäcker att Speer friserar verkligheten i sin publicerade dagboksversion – och gudarna ska veta att det inte är enda gången han gör det.

Speer friserar ganska ofta, halvljuger och lägger till rätta. Det rör sig för det mesta om detaljer där läsaren har svårt att fatta vad Speer vill uppnå med sitt tummande på sanningen. Varför fördubblar han memoarernas tillblivelsetid? Vad har det för betydelse?

Kanske skämdes Speer över att han skrev så fort, hade svårt att ta sig själv på allvar när han fann att texterna bara sprutat ur honom? Eller redigerar han i efterhand i enlighet med en tidsupplevelse som trots allt ter sig adekvatare än den dokumenterade? Kanske tog det honom ett år att skriva stommen men själva berättelsen har formats under tjugo år.

Speer friserar emellertid viktigare ting än så. Om sin utnämning till rustningsminister har han ett otal olika versioner, sina besök i koncentrationslägren för krigsfångar glider han över med formuleringar som tippar över i rena lögner. Och sist men inte minst talande är hans tystnader.

Det intressanta med Albert Speer är emellertid att han aldrig förstör bevismaterial mot sig själv. Han gör inte ens försök att smussla undan.

(Motsatsen har hävdats bland annat av den tyske historieforskaren Mattias Schmidt som fann att någon suddat i annalerna, det vill säga Rudolf Wolters "Krönika" över Speers ämbetsutövning både som chef för byggnadsverksamheten och som rustningsminister. Senare forskning har visat att det inte var Speer som suddade utan Wolters, ursprungligen mot Speers vilja. Efter Rudolf Wolters död har den osuddade versionen av krönikan återfunnits i tyska arkiv.)

Allt det obearbetade materialet med skumma strykningar och mystiska omformuleringar finns med Speers goda minne tillgängliga för Gitta Sereny och småningom finner det hela vägen till de officiella Speerarkiven i Koblenz.

Det är något av det uttryckliga kampmomentet i Albert Speers brottning med sig själv som understryks i denna dubbla bokföring, i dessa lögner och dessa avsiktligt bevarade protokoll som obönhörligt avslöjar lögnerna.

Visst kan det vara så att Speer har ljugit för sig själv och andra så mycket att han inte längre vet vad som är sanning och vad som är lögn samtidigt som han av erfarenhet vet att det inte lönar sig att förstöra papper. Hans pedantiska tyska folk har noterat allt och förr eller senare ploppar det upp dokument som säger detsamma som de han skulle ha förstört. Kanske är den dubbla bokföringen bara ett slags handfallenhet inför den egna förljugenheten.

Jag tror emellertid inte det. Albert Speer ägnade sitt liv efter rättegången i Nürnberg åt att att få hjälp med sanningen. Han ljög för att han inte orkade annat, han ljög för att han var en kluven människa med stolthet och skuld inflätade i varandra, men han var inte någon i grunden lögnaktig människa. Han såg alltid till att bli pressad på lögnerna, att få ytterligare en fråga. Och väl att märka: Detta oupphörliga förhör pågick inte bara i offentligheten där det trots allt kunde tillfredsställa Speers behov av uppmärksamhet och publicitet. Efter frigivningen från Spandau sökte sig Speer resten av sitt liv regelbundet till kloster och andra spartanska miljöer för att i tystnad möta sig själv. Spandau var den livserfarenhet han till sist kom att sätta högst, bland annat därför att bestraffningen gav honom frid.

Detta ovan nämnda kampmoment är enligt min uppfattning beviset på att Speers moraliska envig med sitt förflutna bör tas på allvar, inte avfärdas som beräkning och skicklig manipulation, låt vara att Speer inte var obegåvad på det området. Albert Speers motiv var inte alltid rena men de var bland mycket annat också rena.

När detta väl är sagt är det dags att tränga in i en av Albert Speers mest svårbedömda friseringsoperationer, den som berörde judeförföljelserna som Speer ”glömde” att nämna i sitt memoarutkast. I de färdiga memoarerna finns en halv sida om Kristallnatten den 10 november 1938. Den togs in efteråt på förläggarens inrådan.

När jag år 1978 i Albert Speers memoarer för första gången läste de märkliga meningarna i vilka han lätt slokörad hävdar att Kristallnatten hade gått honom helt oförmärkt förbi om det inte hade varit för allt glassplittret på gatorna som störde hans bilkörning, tog jag dem för goda. Bråk och oroligheter hade tillhört Berlinvardagen under Speers studietid och trots den ordning och reda Hitler rätt snabbt kunde berömma sig av att ha åstadkommit förekom demonstrationer och skärmytslingar på gatorna åtminstone fram till 1934. Speer kunde hävda att han var van att rycka på axlarna, politiskt okunnig och ointresserad som han påstod sig vara.

Arton år och åtskilliga omläsningar senare skorrar dessa Speers försäkringar ytterligt falska i mina öron liksom alla andra där han rör vid judetraumat. Problemet är emellertid inte att jag tror att han ljuger. Problemet är att jag inte är säker på att det är det han gör. Jag är inte säker på att han klistrar dit en krystad bortförklaring för att dölja hur djupt involverad i regimens ogärningar han var eller hur han i varje fall struntade i dem. Jag tror han berättar en historia om sig själv som enligt hans egen uppfattning kunde vara sann och som han måste ta till därför att hans medbrottslighet i Hitler är så komplicerad att han inte riktigt vet hur allting var.

En sekvens i det mångåriga samtalet mellan Gitta Sereny och Albert Speer på dennes ålders höst förtjänar att i detta sammanhang återges. Sereny pressar Speer på något betydligt allvarligare än att han såg glassplitter där han borde ha sett förföljda och förnedrade människor. Hon pressar honom på hans roll i bortdrivningen av judarna från Berlin 1941.

GBI stod för tömningen av judekvarteren. Den operationen skulle förr eller senare ha genomförts även om kriget aldrig hade brutit ut. Speer skulle ju bygga om hela Berlin och alla stora arkitekter i Europa gjorde planer enligt vilka gamla bostadskvarter jämnades med marken varvid befolkningen motades ut i periferin. Nu blev flyttningen mera hastigt påkommen när det allierade bombflyget stod för pulveriseringen av Berlin i en takt och omfattning som Speer inte hade avsett.

Albert Speer tillstår för Gitta Sereny att han kände olust när han såg ansamlingen av judar med bohag vid järnvägsstationerna i Berlin.

Gitta Sereny hugger som en kobra:

– Och varför gjorde ni det? Hopar av folk har stått vid järnvägsstationerna i Europas städer under alla krig. Vad var det för särskilt med judarna som fick er att reagera om ni nu en gång inte kände till vilket öde de gick till mötes?

Albert Speer är emellertid inte vilken motståndare som helst. Plötsligt är blicken i hans mörka ögon hård som flinta och den lågmälda, behagliga barytonen skär litet när vreden når rösten.

– Håll reda på vad jag säger, genmäler Speer. Jag har talat om att jag var blind, avsiktligt blind, men jag har aldrig påstått att jag var totalt okunnig.

Gitta Sereny genomfars i sin tur av rysningar. Herre Gud, den här charmante äldre herrn som konverserat henne så vänligt och fascinerande i dagar och veckor var ju ingen pensionerad gammal tomtenisse från något dammigt krigsmuseum utan faktiskt Hitlers rustningsminister och det syntes tydligt att han inte hade blivit det av en slump. Den behärskade kylan i hans auktoritet var bedövande, för att inte säga skräckinjagande, och han drog sig inte för att använda den.

Speer kämpar snabbt ned sin irritation. Efter några minuter är han lugn och tillmötesgående igen. Han tar sats för att förklara sig bättre.

– Visst var jag medveten om att judarna var ett särskilt problem. Noterar ni? Jag säger än idag att jag visste att de var ett särskilt problem, inte att de hade särskilda problem. Där ser ni …

Men Gitta Sereny begriper inget annat än att Albert

Speer inte vill – eller inte kan – besvara hennes fråga.

Det ska dock komma en dag då han svarar.

En samlad bedömning av allt Albert Speer genom böcker och oräkneliga uttalanden sade om sig själv och sin andel i Tredje Rikets mest monstruösa brott, ger vid handen att han väjer för sanningen. Därmed är vi dock inte på det klara med vilken sanning han väjer för.

Då Speer i Nürnberg ställdes inför det dokumentära material som avslöjade judeutrotningsprogrammet och gaskamrarna i Hitlers Tyskland, sade han att han inte kände till dem. Han hävdade det från första stund och han höll fast vid påståendet livet igenom. Näst intill i varje fall.

Han sade att han inte visste men han flydde inte ansvar. Albert Speer medgav utan att blinka ansvar för brottet. Han var ansvarig därför att han hade medverkat i en regering som hade satt detta i verket och han kunde inte svära sig fri genom att hänvisa till att han skötte sitt och förutsattes sköta bara sitt.

I en auktoritär regim är hemlighetsmakeriet en del av maktutövningen. Kännedom respektive icke kännedom om centrala ting som är i görningen är en del av den intrikata maktbalansen i den ogenomskinliga apparaten. Med full kunskap har man en maktbas som spindeln i nätet, med begränsad och perifer kunskap blir man makthavare i somt och marionett i annat.

Albert Speer utvecklade först i Nürnberg och senare i många skarpsinniga intervjuer det auktoritära styrelseskickets teori och praktik. Han varnade intensivt just för dess mörkläggningar, dess principiella uppstyckning av insikt och ansvar.

I Nürnberg var hans beredvillighet att iklä sig ansvar formulerad i principiella termer – har man varit med i regimen har man indirekt bidragit till allt den har åstadkommit.

Man kan lugnt utgå ifrån att Speer redan då var klar över att hans medansvarighet sträckte sig längre än så. Men han var angelägen om att rädda livhanken om det var möjligt.

Men hur mycket av sin skuld han var beredd att se, först i Nürnberg och sedermera i Spandau där han skrev sina texter i svindlande fart är oklart. Jag tror att hans "glömska" i memoarerna representerar en av många medvetandenivåer hos honom, nivåer som var för sig innehöll klarsyn och förträngning i olika proportioner. Jag tror att tilläggen som kommer när han återfått friheten och inser att omvärlden är intresserad av en enda fråga representerar en annan nivå av insikt. Till sist tror jag att aningen om hur hans medskuld egentligen ser ut har funnits där hela tiden och fått sitt uttryck i dessa livet igenom iscensatta förhör, som faktiskt började redan tidigt i Spandau hos kaplanen Georges Cassalis och som fortsatte till sista dagen i hans liv. Förhör där han ljög friskt men ändå såg till att komma ett steg närmare sanningen år för år.

Delaktighet i Tredje Rikets brott kan man, som sagt var, inte gärna bekänna om man har för avsikt att leva vidare. Och Speer ville leva.

I Nürnberg friades Albert Speer på de åtalspunkter som gällde planläggningen och startandet av det tyska anfallskrig som snabbt eskalerade till ett världskrig – det andra på drygt tjugo år.

Som vanligt hävade Speer själv att han inget visste eller i varje fall inte drog rätt slutsatser av det han faktiskt hörde och såg. Att Hitler hade expansionsplaner och eftersträvade världsherravälde kan knappast ha undgått honom. Och på sätt och vis tillstår han det själv. Berättelsen om Hitlers maktfullkomliga kommentar till hans Nürnbergstadion är talande nog.

Men Speers beundran för Hitler bygger bland mycket annat på den romantiskt estetiserande världsuppfattning som är ena halvan av Albert Speers personlighet och denna bidrar till fiktionaliseringen av verkligheten som påtalades i det föregående. Det betyder att Albert Speer varken var döv eller blind men förmodligen är sanningsenlig på sitt speciella vis när han hävdar att han aldrig konkret reflekterade över innebörden i vad han erfor och själv gjorde. Som historikern Peter Englund påpekat bär hans egen arkitektur eller den arkitektur han effektuerade vittnesbörd om storvulna planer.

Men vad då? Hitler var en stor man, klart han skulle ha världsherravälde. På vilket sätt? Tja ...

I rättvisans namn bör man påminna sig att Hitler de sista åren före krigsutbrottet talade med ytterst kluven tunga, det vill säga ljög ogenerat. Medan han förberedde Anschluss försäkrade han världen att Tyskland inte tänkte blanda sig i Österrikes inre angelägenheter. Strax före annekteringen av Sudetlandet påstod han att Tyskland inte hade några territoriella anspråk på sina grannar ... Fred i vår tid ...

Domen i Nürnberg träffade nog rätt. Albert Speer tillhörde säkert inte dem som vare sig planlade eller hetsade fram kriget. Han hade inget som helst intresse av det och dessutom inte den ställningen ... då ...

För Albert Speer börjar det brännas på allvar först på senhösten 1941. Först då mottar han och utför uppdrag som ovedersägligen för honom i närheten av Tredje Rikets mörka kärna, den monstruösa hemligheten som egentligen är dold bara av sin egen morbida orimlighet.

Hela sitt liv skulle han hävda att han inte kom den på spåren i tid, inte förrän i Nürnberg. Frågan är om han kom den på spåren ens då, den mörka hemligheten om vad människor är kapabla till. En människa som han själv exempelvis.

I samband med anfallet på Sovjetunionen i juni 1941 ombildades Albert Speers GBI till något som döptes till Baustab Speer och var ett rörligt konstruktionsteam eller en organisation av många team. Hitler hade äntligen låtit sig övertygas om att de grandiosa ombyggnadsplanerna för Berlin måste läggas åt sidan och alla tekniska och materiella byggresurser överföras till vad kriget krävde. I själva verket hade såväl Speer själv som ministern för rustning och krigsekonomi Fritz Todt, mannen bakom Autobahn, länge insisterat på att så skulle ske men Hitler hade vägrat, prioriterat ariktekturen.

Efter mer än tio år i Spandau suckar Albert Speer över sin uppochnedvända reaktion inför Hitlers halsstarriga vägran att göra det varenda människa såg var nödvändigt, nämligen att mobilisera fullt.

– Jag var rörd över hans kärlek till arkitekturen, till vårt personliga samarbete och våra projekt. Jag såg inte att jag stod inför en man vars omdöme svek honom gravt – men jag visste det.

Som chef för GBI, centralt placerad i Berlin, hade Albert Speer i krigets början medverkat till att utrymma judekvarteren i staden och med "olust" sett de avhysta vänta på tågtransport någonstans.

I det skedet är det emellertid sant att han absolut inte anade den slutgiltiga lösningen. Denna hade nämligen ännu inte beslutats.

Hitlers order om judeutrotningen formades i en fortlöpande process under året 1941. I mars 1941 – innan fälttåget mot Sovjetunionen ens satts igång – utfärdades ordern om att alla bolsjeviker, det vill säga politiska funktionärer, skulle avrättas på fläcken allt eftersom områdena i öster erövrades. Snabbt förändrades ordern till att omfatta den "judiskbolsjevikiska intelligentian". Och när de tyska tanksen rullade över Baltikum in i Ryssland och Ukraina sattes det första utrotningsprogrammet i verket. Det omfattade judar, zigenare och mindervärdiga individer och utfördes av insatskommandon, lokala fanatiker, som gjorde gemensam sak med de tyska inkräktarna.

I själva massavrättningarna var den tyska armén knappast alls inblandad fast dess framfart utlöste operationerna. Det är också välkänt att många tyska officerare och underofficerare vägrade efterkomma Hitlers första order om arkebusering av "bolsjeviker" på stående fot. I motsats till vad man i efterhand föreställt sig accepterades vägran, det vill säga begäran om förflyttning, utan repressalier. Av allt att döma återstod många nog som ställde upp.

När det sinnessjukaste av alla sjuka beslut, beslutet att låta deportationen av judarna från det tyska moderriket ända in i gaskamrarna fattades, går inte att alldeles exakt precisera. Tanken hade föresvävat Hitler i åratal, det visste de närmast förtrogna, de gamla kamraterna från SA:s och den nazistiska uppmarschens tid. Men Hitler yrade ju om allt möjligt, låt vara att detta med judarna var en besatthet.

Christa Schröder, en av Hitlers äldre sekreterare, daterar ett minne till tidig vår 1941: Heinrich Himmler, som ju i hög grad förknippas med mördandets maskineri i Tredje Riket, kommer ut ur Hitlers ämbetsrum kritvit i ansiktet och dimper ned på en stol invid fru Schröders skrivbord. I normala fall uppför sig Heinrich Himmler stramt som en isstod. Nu begraver han huvudet i händerna och stönar: "Vad i herrans namn kräver han av mig..!"

Efter en stund samlar han ihop sig, reser sig och går. Till och med en man som Heinrich Himmler behövde tid för att vänja sig vid det i bokstavlig mening otänkbara, tid för att döva sitt samvete, tid att tysta människan inom sig.

Adolf Eichmann, en av judedeportationens administratörer på medelhög SS-nivå, fick kännedom om Hitlers order i september 1941. Eichmann tillhörde säkert inte de först informerade men knappast heller de sista. Christa Schröders tidsangivelse verkar stämma rätt bra, fast hon enligt egen uppgift inte hade minsta aning om vad Himmler syftade på då han nära nog bröt ihop inför hennes ögon.

Överhuvudtaget tillhör frågan om hur ”hemligheten” spreds, vad som var möjligt att veta men också att inte veta rentav i Hitlers omedelbara närhet, de omtvistade och outgrundliga i Tredje Riket. Tillräckligt många tillräckligt trovärdiga personer har vittnat om att Adolf Hitler själv var till fullo klar över att antalet invigda i hans avsikter med judarna skulle begränsas. Icke desto mindre visar tillräckligt många källor tillräckligt tydligt att kunskapen bredde ut sig lika fullt.

Ett är säkert, när Albert Speer på hösten 1941 får upp ångan i sin mobila byggorganisation Baustab Speer, är mördandet i full gång. Och Albert Speer reser mycket.

Dnjepropetrovsk heter en stad i Ukraina som Albert Speer uppehåller sig vid i sina memoarer. Det är januari 1942 och de tyska trupperna har frusit fast som fiendehärar plägat göra på sina olika tåg mot Moskva.

Speer med stab inspekterar ett frontavsnitt kring den gudsförgätna lilla hålan och konstaterar bekymrad att det ser för jävligt ut. Snön vräker ned och lägger sig i kompakta drev över vägar och järnvägsspår. All röjningsutrustning har de backande ryssarna själva förstört. De få och små maskiner hans egen rekonstruktionsstab medför är otillräckliga och även om det fortfarande finns civilbefolkning på plats som försöker hjälpa till att hålla undan snö och is från gatorna försvinner hela orten mer eller mindre under ett vitt pansar.

Speer skriver i Spandau och han vet hur det gick. Minnet har säkert lagt sig till rätta. Han berättar om kyla och svält, en nödtorftigt uppvärmd järnvägsvagn där han huserar med soldater och sitt eget folk, han minns vemodiga sånger och sina egna onda aningar: Kriget på östfronten vinner inte Tyskland.

Han berättar galghumoristiskt om sitt försök att ta sig ifrån detta vindpinade snöhelvete, hur tåget tuffar fram och sedan tillbaka därför att växlarna inte går att rubba och hur han dyker upp på nytt i det förbannade Dnjepropetrovsk och överraskar sina mannar i järnvägsvagnen, som bakfulla till döds hälsar honom godmorgon sedan de firat chefens avfärd hela natten.

Å, han berättar bra, Albert Speer. Men han berättar inte att han återvände just till Ukraina och till Dnjepropetrovsk följande sommar då än en gång i en ny kapacitet. Han berättar inte att det då var glödhett och att han hade stora delar av sin personliga stab med sig. Det andra besöket i Dnjepropetrovsk nämner han inte.

Nå, det kan bero på att det inte passar i dispositionen. Vinterexpeditionen till staden fick ju en så dramatisk – och för Albert Speers liv så ödesdiger – upplösning. Han lyckas nämligen klättra ombord på ett flygplan och flaxa iväg till Ostpreussen och Hitlers fälthögkvarter Rastenburg, där han följande dag utnämns till rustningsminister efter den gåtfullt omkomne Fritz Todt. Den historien berättar han många gånger fast på litet olika sätt beroende på sina syften.

Men andra besöket till Dnjepropetrovsk påminner han sig inte.

Dnejpropetrovsk hade intagits av tyskarna i augusti 1941 sedan ryska fronten dragit sig tillbaka. Juderensningen vidtog omedelbart och pågick tills staden var mer eller mindre ”ren”. Tusentals kroppar begravdes i grunda massgravar som sedan frös.

Stanken i det glödheta Dnjepropetrovsk sommaren 1942 måste ha varit fasansfull.

Gitta Sereny är i tillfälle att fråga Albert Speer om andra resan till Dnjepropetrovsk och till ett flertal liknande ukrainska städer i spetsen för Organization Todt vars chef han blev vid utnämningen till minister.

– Nej, säger han, jag märkte ingenting och ingen sade ett ljud om vad som skett. Och ingen hade heller någon anledning att säga något just till mig. Om mitt folk visste vad som hade försiggått, vilket jag betvivlar, var jag den siste de vågade tala med. De kände till min relation till Hitler. Aldrig någonsin att de med mig hade talat om det som inte gick att tala om.

Det knepiga med Albert Speer är att det ligger något i vad han säger. Han kan utan tvekan ha tillhört de sista som såväl förövare som vittnen till brotten talade med. Men hans egna sinnens vittnesbörd då?

– Nej, vidhåller han, mycket bestämt och får stöd av sin sekreterare fru Kempf, som minns andra resan till Dnjepropetrovsk mycket väl.

Det är förmodligen inte så enkelt att de rakt upp och ned ljuger.

I januari 1942, när Albert Speer fryser och svär på sin mödosamma resa i Vitryssland och Ukraina, hålls den beryktade Wannseekonferensen i Berlin. Under ledning av chefen för deporationsverksamheten inom SS, Reinhard Heydrich, samlas höga SS-dignitärer, ministrar och förvaltningschefer till ett möte där de formellt informeras om judeutrotningsprogrammet och uppmanas anstränga sin påhittighet för att finna de bästa praktiska formerna för dess genomförande.

Hannah Arendt noterar i sin bok "Den banala ondskan" att konferensen i Wannsee förlöpte lugnt och att många av deltagarna satte en ära i att komma med konstruktiva förslag i den riktning som efterfrågades. Många var absolut inte medlemmar av "den innersta kretsen" utan ordinära karriärbyråkrater.

Albert Speer var som sagt inte med. Dels var han icke tillstädes i Berlin. Dels var han ännu inte minister. Emellertid var knappast ens hans företrädare, rustningsministern Todt på plats. Hitlers regering hade ingen formell beslutsorganisation, interministeriella ärenden sköttes ad hoc mellan dem som ansågs berörda. Det var inte självklart att ministeriet för rustning och krigsekonomi behövde involveras, särskilt som man inte kunde vara helt säker på var man hade Fritz Todt. Lika litet som man visste säkert var man hade Speer.

Fortfarande är det rimligt att anta att varken Speer eller Todt tillhör de invigdas skara när ödet länkar samman deras namn i historien. På ytan är det välkänt vad som hände. Både krigshistorikerna och Albert Speer själv har berättat.

Huttrande, hungrig och ur humör stiger den nu 37-årige arkitekt Speer in i Führerhögkvarteret i Rastenburg, Ostpreussen, efter den långa flygturen från Kiev och östfronten. Han vill gärna bli mottagen av Hitler. Dels för att lätta sitt hjärta men framför allt för att få se sin chef. De har inte träffats på sex–sju veckor.

Hitler är emellertid upptagen. Han dinerar på tu man hand med rustningsminister Todt.

Vad Fritz Todt sade till Hitler vet vi inte. Men herrarna pratar i timmar. Det är sen kväll när Todt, enligt Speer, träder ut ur Führerns rum med ett både slitet och betryckt uttryck i ansiktet. Speer sätter sig hos den bekymrade ministern medan denne tömmer ett glas vin under tystnad.

Todt och Speer för därefter en haltande konversation som rätt snart utmynnar i att Todt erbjuder den yngre mannen flyglift till Berlin följande morgon varefter han ursäktar sig och påpekar att han måste ha några timmars sömn.

I detsamma uppenbarar sig Hitlers adjutant som ber Speer göra Führern sällskap.

Förmodligen är Speer redan när han stiger in till den irriterade och smått uppjagade Hitler klar över vad Todt har talat om: a) att fälttåget mot Ryssland går mot en katastrof; b) att det var vanvett att förklara USA krig.

Tio år senare i Spandau är han helt säker på att Todt tagit bladet från munnen. Och att Hitler inte tolererade sanningen, inte heller sanningssägare.

Men han själv då? Vad talade han om för Hitler? Han

ägde ju trots allt en nykter iakttagelseförmåga och i allt väsentligt delade han Todts uppfattning.

Här följer en av de mera uppseendeväckande glidflykterna i Albert Speers utstuderade formuleringskonst. Han skriver många versioner eftersom han nedtecknar sina första minnen redan i Nürnberg i väntan på domen som ju kunde ha lytt på galgen. Därefter gör han ett nytt försök i Spandau och till sist re-writar han ett par gånger i frihet.

Versionerna skiljer sig från varandra i fråga om betoningar. Men i ingen av dem lyckas han klämma fram med vad han faktiskt säger till Hitler. I de skrivningar han till sist publicerar (i memoarerna) talar han om att han redovisade intryck och att Hitler ställde många frågor som till sist drev honom att avslöja den melankoliska stämningen hos trupperna. Han till och med visar texterna, som han sparat i rockfickan, för Hitler.

Detta är det närmaste substans han kommer i sitt referat av samtalet med Hitler som ju borde stå inristat med eldskrift i hans minne på grund av vad som därefter följde.

– Därefter började vi tala om arkitektur, försäkrar Speer som återfick både förtroendet för att han skulle få vända tillbaka till ritbordet bara det eländiga kriget var avklarat och för att hans speciella relation till Hitler var intakt.

Trött och nöjd gick han och lade sig sent. Han bestämmer sig dock för att hoppa av liften till Berlin, som skulle gå tidigt, och sänder bud om det till Todt.

Följande morgon störtar Todts plan. Både piloten och passageraren omkommer.

Än idag vet man inte vad som faktiskt hände, varför planet exploderade i luften bara sekunderna efter starten. Rykten om sabotage kom tidigt i svang. Dessa vederlades av en undersökningskommission från den tyska underrättelsetjänsten, tillsatt av Hitler. Kommissionen förmår emellertid inte fastställa någon olycksorsak.

Vem som helst begriper att den kommissionens utlåtande är värdelöst. Lusläser man Albert Speers memoarer kan man finna att denne hemskt gärna ville tro på de officiella försäkringarna att sabotage var uteslutet men att han inte riktigt gör det. Albert Speers text vibrerar av ambivalens.

Gitta Sereny hugger klorna i honom en av dessa klara vinterdagar i Heidelberg, då han hunnit bli en gammal man, en evigt skuldtyngd man som i timmar svarar och söker, söker efter sanningen, famlar efter modet att minnas.

– Visste ni att många utpekade er som ansvarig för Fritz Todts död, frågar Sereny. Albert Speer, som ju utnämndes till rustningsminister bara timmarna efter katastrofen, var den som uppenbart drog nytta av det inträffade. Dessutom var hans sagolika tur att inte vara med på planet anmärkningsvärd.

Speer är helt lugn när han replikerar:

– Då, när det hände visste jag det inte, men sedermera har jag ju hört insinuationerna.

Han finner det inte värt att säga så mycket mer. Albert Speer tog inte livet av Fritz Todt, det tror ingen, knappt ens numera hans hätskaste vedersakare som i och för sig tror honom om vad som helst.

Men Gitta Sereny släpper inte taget.

– Än Hitler då, frågar hon. Kan Hitler ha sett till att få planet saboterat?

Albert Speer svarar inte. Han rycker på axlarna och tiger.

Här förvandlas Gitta Serenys text till förtätat drama. För vad Albert Speer inte vet är att Sereny en dag ska ha forskat i varenda rad han har skrivit om dessa ögonblick i sitt liv, vartenda utkast, varje tillägg, ändring, omskrivning, strykning och ytterligare strykning samt därefter tillägg och att läsaren av Gitta Serenys monografi vet hur han har kämpat med sanningen. När Albert Speer på sidan 283 i boken (den engelskspråkiga versionen) tystnar och rycker på axlarna inför journalistens raka fråga vet läsaren att han har putsat och polerat i sina egna texter så att han själv varken vet in eller ut.

Frågan vi aldrig får besvarad är just den: Vet han eller vet han inte vad han ska tro? Minns han om han nämnde för Hitler att han skulle åka med Todt på morgonen? Om han nämnde det, nämnde han att han ångrade sig när klockan närmade sig tre på morgonen? Var det rentav Hitler som föreslog att han inte skulle åka, något som han helt troskyldigt accpeterade eftersom klockan faktiskt var tre på morgonen?

Ja, vad bär han på, Albert Speer? Vi får aldrig veta. Vi kan bara gissa att han fortfarande, efter allt vad hans välutvecklade förnuft har sagt honom om det monstruösa hos Hitler, är omedvetet knuten till denne man så att han inte förmår minnas det han faktiskt minns.

För han kan ju inte ha glömt. Inte det samtalet. Nej, han har inte glömt. Det är bara så tyst, så öde, inom honom.

En till synes betydelselös slutvinjett till detta vinterdrama, som förvandlar esteten och byggaren Albert Speer till chef för förstörelsemaskineriet i Tredje Riket, till bombernas, minornas och kulregnets uppfinningsrika generalagent, utgörs av några korta meningar i memoarerna där Speer berättar om en krigsrätt som blev följden av hans rapportering till Hitler den där aldrig glömda natten.

Hitler gillade inte texterna till de sorgsna sångerna frontsoldaterna i öster sjöng och som Speer hade avslöjat för honom. Hitler ansåg att någon avsiktligt underminerade moralen där ute medan Speer försökte övertyga honom om att soldaterna bara reagerade naturligt på en påfrestande situation.

Efter kriget fick Speer till sin bestörtning höra att Hitler hade låtit ställa den för utskriften av sångtexterna ansvariga officeren inför rätta med en påföljd som vi lätt kan ana även om Speer inte nämner den.

Nå, det var ju inte så litet Speer ”till sin bestörtning” fick höra efter kriget, om man får tro honom själv. Ändå inger mig just den episoden en del funderingar.

Speer vill med sin historia uppenbart illustrera Hitlers sjukliga misstänksamhet, hans oförmåga att handskas med verkligheten ifall den innehöll dåliga nyheter. I både fängelsedagboken och memoarerna återkommer han gång på gång till detta drag hos Führern.

Frågan jag ställer mig är när han blev medveten om att Hitler reagerade just så? Var det först i det ögonblick då han halade fram texterna ur rockfickan? Dittills hade han ju varit arkitekten och solskenspojken som aldrig hade något tråkigt att meddela. Såg han nu plötsligt en sida hos avguden som skrämde och stötte bort honom? Fattade han då också i en blink att Fritz Todt svävade i livsfara eftersom Hitler var rasande på mannen som talat om för honom att den enda räddning som återstod på östfronten var fredsförhandlingar?

Skedde allt detta grumligt och halvmedvetet så att Albert Speer kvickt bytte samtalsämne och med ett jättesprång kastade sig tillbaka till arkitekturen där han ”nöjd” återfann ”sin” Hitler. Dröjde dock så mycket kvar att han såg till att inte flyga med Todt följande dag?

Men i så fall, varför varnade han inte Fritz Todt? Och när allt kommer omkring: Varför sparade han de förbaskade sångtexterna och visade dem för Hitler?

Vill man vara riktigt grym mot Speer kan man föreslå förklaringen att denne själv reagerade mot de defaitistiska stämningarna vid fronten och helt enkelt angav de ansvariga. I efterhand, när Speer fattar konsekvenserna, grips han av ruelse och lägger historien till rätta så gott han kan.

Det är inte alls uteslutet att det var just så. Den unge Albert Speer hyllade lojaliteten som karaktärsegenskap och han var sträng – mot sig själv och mot andra.

Likväl, låt oss fortfarande unna honom ”the benefit of a doubt” och föreslå något annat:

Jag tror att Speer var uppriktigt bekymrad över vad han såg och erfor vid sin första resa till Dnjepropetrovsk. Till andra halvan av sin personlighet var han ju en klarsynt tekniker vars stora kvaliteter låg i att se vad som var möjligt och vad som inte var möjligt.

Speers erfrarenhet dittills hade varit att Hitler hörde på honom och han tog med sig vad han kunde för att till denne förmedla vad han själv hade upplevt. Hitler reagerar emellertid inte alls enligt förväntningarna och Speer... Ja, vad gör Speer?

Jag tror att han så snabbt som möjligt backar ut ur hela samtalsämnet och söker sig till sin mammas gata, till sina segeravenyer och paradbyggnader.

Kanske anar han vagt att Fritz Todt, som framhärdat i sitt budskap har tagit en avsevärd risk. Kanske anar han ingenting. Jag tror inte Albert Speer den natten var mentalt förberedd att misstänka Hitler för attentat mot medlemmar av sin regering. Den oskulden kan han enellertid har förlorat följande morgon utan att riktigt ens för sig själv vilja erkänna att han gjort det.

Vid det laget hade Adolf Hitler dominerat Albert Speers liv i tio år. Ur Hitlers hand hade han mottagit sitt gränslösa äventyr, sin svindlande värdestegring. Visst var han gift, visst hade han barn, rentav fem stycken, visst hade han sin gedigna utbildning, sin släkt och sin förmögenhet men Hitler hade ockuperat hans inre rum.

För Albert Speer var det omöjligt att denna morgon den 8 februari 1942 börja se med andra ögon.

Ändå hade det naturligtvis hänt något.

9

Albert Speer förnekade som sagt i Nürnberg varje kännedom om Förintelsen. Vare sig han talade sanning eller inte var det naturligtvis hans rättighet att försöka rädda sitt liv. Och vare sig domarna trodde honom eller inte kunde de ingenting bevisa. Inga för rätten tillgängliga dokument band Speer vid gaskamrarna och vad han visste kunde ju strängt taget bara han själv veta.

Däremot rådde det inga som helst tvivel om att rustningsminister Albert Speer rekryterade arbetskraft från de ockuperade områdena, under allt mer tvingande och förnedrande former efter hand. Redan när han tillträder sin regeringspost har koncentrationsläger för rustningsfabrikernas tvångsarbetare varit i funktion ett bra tag i det expanderande Riket och i Fritz Todts kvarlåtenskap finns de första dokumenten som talar om att dessa människor utsätts för en ovärdig behandling.

Albert Speer förnekar naturligtvis inte detta. Tvärtom redogör han klart och systematiskt för sin verksamhet och framhåller också att slavarbetskraften till sist omfattar väldiga människomassor.

När allt kommer omkring är ju Speer en förhållandevis berömd man när han står inför skranket i Nürnberg, och välkända ting fanns det ingen anledning att försöka smita undan. De allierade hade förundrat sig över det sönderfallande Tredje Rikets krigsproduktionskapacitet och dragit slutsatsen att rustningsminstern var en infernaliskt kompetent person, värd sin vikt i guld för Hitler.

Senare, när Albert Speer suttit av sina tjugo år i Spandau och slagit sig ned som en främling i det moderna Västtyskland, kvarglömd från en förjagad mardröm, kan han inte låta bli att gräva fram ett citat ur den brittiska tidningen The

Observer. Det är från 1944 och gäller honom själv. Egentligen är det inte alls smickrande och Speer petar in det i ett avsnitt av memoarerna där syftet ytligt sett är att belysa hur hans och Hitlers relation förändrades under krigets slutskede.

Men så är han funtad, Albert Speer, i vars inre stolthet och skuld ska strida om herraväldet livet ut, att han är litet smickrad i varje fall och det är därför citatet står där det står:

> Speer är i en viss mening viktigare för Tyskland i dag än Hitler, Himmler, Göring, Goebbels och generalerna. De sist nämnda har alla på sätt och vis förvandlats till hantlangare åt denne man som styr en gigantisk maktapparat ur vilken han utvinner maximal effekt under ytterligt hård press ... Han är den verkställande revolutionen förkroppsligad.
>
> Speer är inte en av dessa brinnande nazister som vi har gjort oss vår typiska bild av. Så vitt man vet har han inga andra politiska uppfattningar än rent konventionella. Han skulle ha anslutit sig till vilket politiskt parti som helst som hade erbjudit honom ett arbete och en karriär. Han har mycket utav den framgångsrike genomsnittsmannen över sig: han är välklädd, civil, okorrumperad, mycket medelklass till sin livsstil med hustru och sex barn. I mycket mindre utsträckning än någon av de andra tyska ledarna står han för något specifikt nazistiskt eller ens något specifikt tyskt. Han symboliserar snarare den typ av människa som håller på att bli allt viktigare för varje krigförande land: den rena teknikern, den klasslöse, briljante unge mannen som saknar specifik bakgrund, saknar varje annan ambition än att ta sig fram här i världen, saknar andra utförsgåvor än de tekniska, förmågan att få saker till stånd. Det är just bristen på psykologisk barlast, and-

ligt djup och förankring samt lättheten med vilken han hanterar det fasansfulla teknisk-organisatoriska maskineriet i vår tid, som gör att den här smidiga typen går så extremt långt nuförtiden... Det här är deras tidevarv. Sådana som Hitler och Himmler blir vi av med men Speer-kategorin kommer att bestå lång tid framöver, alldeles oavsett vad som händer just denne man.

Hitler är imponerad av denna karakteristik när han på Speers begäran läser den. Och Speer serverar oss den 1969 fast han vid det laget är smärtsamt klar över kusligheten i dess innebörd och över att den i vissa avseenden dessutom bommar grovt. Speers lidelser var starkare, hans skuld tyngre och hans mörker tätare än The Observers iakttagare hade förstått.

Men matematiskt orienterad tekniker och organisatör är han. Siffror, strukturer, kurvor och tabeller trillar ur honom lätt som en plätt när han förhörs i Nürnberg, när han skriver i Spandau, när han intervjuas om och om igen i frihet, när han en sista gång fördjupar sig i sitt förflutna med Gitta Sereny som guide.

Albert Speer beskriver det skriande behovet av krigsmateriel, alla kategorier. Han berättar, med uppenbar vilja att minnas rätt och ära den som äras bör, hur Fritz Todt redan hade påbörjat den omorgansiation av produktionssystemet som Speer sedan fullföljde och vidareutvecklade (i princip handlade det om att avskaffa onödig byråkrati och låta de enskilda rustningsfabrikerna sköta sig själva med rustningsministern som koordinator i stället för övervakare) med hisnande resultat som följd.

Och han kommer sakta men säkert till tvångsarbetet.

Visst, han var i desperat behov av arbetskraft. Hitler vägrade trots Speers enträgna påstötar att ta ut de tyska kvinnorna i arbete och den ena årskullen efter den andra av vuxna unga män gick till fronten. Klart han tog folk där folk gick att få tag på.

Men det var inte han själv som verkställde själva värvandet. Den detaljen sköttes på Hitlers uttryckliga order av Fritz Sauckel som i linjeoragnisationen kom att bli underställd Speer i ministeriet för rustning och krigsekonomi.

Metoderna för arbetskraftsvärvningen blev undan för undan allt brutalare. Koncentrationslägren i anslutning till rustningsfabrikerna blev allt hårdare och eländigare. Folk dog som flugor. Speer ingrep ibland. Han utverkade högre matransoner, bättre uppvärmning i lägrens baracker, något kortare arbetspass.

– Jag gjorde det inte av människovänlighet, säger Albert Speer, 68 år, till BBC:s utfrågare i TV-programmet "Interrogations with Speer" 1973. Jag gjorde det för att jag behövde effektiva arbetsinsatser. Han ler en liten aning och fixerar reportern med outgrundlig blick.

– Där, där är mannen ni ska hänga, hade Fritz Sauckel ropat till domarna i det gamla justitiepalatset i Nürnberg och ilsket pekat på Albert Speer. Det hjälpte inte. Fritz Sauckel hängdes i oktober 1946. Albert Speer skulle ännu ha ett helt liv kvar att leva.

Hur i all världen var detta möjligt? Sauckel som samlade ihop de erforderliga miljonerna avrättades; Speer som drog nytta av dem sparades och kvitterade i efterhand ut en hel del erkänsla för sina insatser.

Problemet i Nürnberg var förstås att domstolen knappt ens kunde göra anspråk på att det var rättvisa som skipades när man retrospektivt granskade en hel regim och dess aktörer. Ohjälpligt spelade omständigheter som apparition och uppförande, den så kallade uppsynskoefficienten en roll vid bedömningen av vad som i backspegeln tedde sig legitimt och vad icke.

Den intelligente, kultiverade arkitekten Speer, som var så

oerhört lätt att diskutera med och i varje fall i ytlig mening förstå sig på, hade skött kontakterna med industrimagnaterna och fått dem att producera vad han ville ha. Hitlers kumpan, en av ursprungsnazisterna, den grove Fritz Sauckel tillhandahöll folket under former som en minister inte befattar sig med i ett land i krig.

Så måste rätten ha resonerat.

– Hur kändes det, frågar Gitta Sereny över trettio år senare. Hur kändes det när Sauckel dömdes till döden?

– Det föll så många dödsdomar att man blev avtrubbad efter hand, svarar Speer och tillägger: Mitt starkaste minne är den skamsna känslan av lättnad över att det inte var jag.

Ytterligare en anmärkning är i detta sammanhang på sin plats: Faktum var att Albert Speer och Fritz Sauckel bråkade om rekryteringen av arbetskraft i krigets slutskede. Sauckel lovade Hitler ändlösa miljoner nya arbetare från de ockuperade områdena som fortfarande stod under tyskt kommando. Speer ville få ett slut på detta.

Dels var Speer klar över att Tyskland höll på att förlora kriget. Att ställa i utsikt arbetare från områden som inom kort skulle återtas av fienden var ohållbart. Dels hade herrar Bosch, Daimler och Messerschmidt och vad de hette uppmärksammat Speer på att den stora mängden utländska arbetare höll på att bli ett säkerhetsproblem i de tyska rustningsfabrikerna. Dels hade han sett Dora – det underjordiska tvångsarbetslägret i Harz-berget nära Buchenwald, där Tysklands undergörande vapen, de nya missilerna, framställdes under teknisk ledning av vetenskapsmannen Werner von Braun, under övervakning av SS och finansiellt överinseende av Speers ministerium.

Förhållandena i raketlägret, som gick under täcknamnet Dora, var fasansfulla. Speer har svårt att tala om dem ännu trettio år senare. Från den dagen i december 1943, då Speer visas runt i katakomberna, där han snavar över döda, trampar i dysenteriskiten, provsmakar oätbar mat och där arbetarna är levande skelett, som stryker av sig fångmössan i en halvt ironisk givakt när han passerar, börjar en insikt att ta form i den fortfarande unge rustningsministerns undermedvetna: Det här är inte rimligt.

För även om Albert Speer inte var någon man av stor medmänsklig inlevelseförmåga eller ömsinthet var han absolut inget odjur, låt vara att han som gammal ibland koketterade med en osentimentalitet som syftade till att chockera hans beskäftigaste supportrar, för sådana fanns också.

10

I Nürnberg gjorde Albert Speer gällande att han aldrig besökte något regelrätt tvångsarbetsläger. Han understod sig ju, som sagt var, att kämpa för sitt liv.

Redan i memoarerna som ju skrevs efter ett knappt decennium i fångenskap ändrar han sig och berättar i detalj om Dora, som veterligen är det enda koncentrationsläger han faktiskt besökte vid sidan av Manthausen, som var ett arbets- och koncentrationsläger för krigsfångar och en förhållandevis prydlig plats. I brev från samma tid till vännen och välgöraren Rudolf Wolters penetrerar han sitt eget ansvar för den ohyggliga hanteringen av människor.

Han väjer faktiskt inte. I cellens ensamhet, varsamt stödd och ledsagad endast av den protestantiske kaplanen Georges Casalis, som samtalar med honom om söndagarna, möter Albert Speer sig själv på ett sätt som få människor tvingats göra. Han kämpar med att fästa blicken vid vad han ser.

Detta med tvångsarbetskraften, som han ju slutligen

dömdes för i Nürnberg, klarar han av. Visserligen slirar han litet när han diskuterar ansvaret i de publicerade "Memoarerna". Speers "post Spandau-liv" är tungt och förbryllande. Stämningarna i ett Europa som ännu inte glömt och mycket litet förlåtit lockar honom, som tidigare nämnts, att redigera, lägga till rätta. Fritz Sauckel och Otto Saur – hans underordnade som dock via partiorganisationen tog order direkt av Hitler och dennes sekreterare Martin Bormann – får mycket av skulden för att förhållandena blev så fasansfulla. Men breven som talar ett annat språk finns, liksom orden han på sin ålders höst riktar till Gitta Sereny:

– Vad jag erfor i Dora gjorde mig fullkomligt förstörd.

Den gamle Albert Speer blir alldeles kritvit i ansiktet och döljer i en ofrivillig åtbörd sina ögon i sin hand.

Så här långt i berättelsen om Albert Speer har vi emellertid ännu inte sett honom beträda extrema utmarker av människans humanitära och moraliska liknöjdhet. Med facit i hand kan man förfasa sig över hur litet han ville och kunde genomskåda. Men inget han själv ser ut att ha gjort eller deltagit i ger ännu anledning att räkna in honom bland dem som i efterhand kan sägas ha rasat ned i sin egen underjord. Ännu verkar han inte att ha besökt den rena ondskans provins.

Så här långt i berättelsen förefaller The Observers karakteristik av Albert Speer, 39 år och rustningsminister i ett krigförande land, ganska väl funnen. Krig är, när allt kommer omkring, ingen tebjudning.

Han är upptagen av sin makt. Den väldiga produktionsapparaten, där magnituden på allt som maldes in och maldes ut, börjande med svensk järnmalm och slutande med människor och skelett, är ofattbar. Alla tal förefaller att skrivas i miljoner. Vem som helst på toppen av ett sådant maskineri drabbas av realitetsförlust. Att Albert Speer med sin medmänskligt avskärmade läggning och sin begåvning för teknik och strukturer tappade sinnet för mänskliga hänsyn och proportioner är oundvikligt.

Och han är för guds skull inte ensam om detta bland maktens män. Han noterar det också med viss bitter sarkasm i Spandau när han efter några år får börja läsa tidningar. Vilken humanitär princip ursäktar Koreakriget men inte honom, undrar han spydigt 1950 men ångrar sig genast.

Kanske minns han Dora, kanske minns han någonting annat. Tystnaden lägrar sig över hans text.

– Jag har accepterat min skuld, slår han fast. Därav framgår inte riktigt vad han har accepterat.

11

Vad visste Albert Speer om judarna och Förintelsen? När fick han veta det han eventuellt visste? Vad drog han för slutsatser av det han inhämtade? Vilka blev för hans egen del konsekvenserna?

Det är svaret på de här frågorna som avgör vilken berättelse om Människan vi på djupet förtäljer när vi berättar om Albert Speer. Judarnas öde och Speers personliga medskuld; kring detta svarta hål i hans historia kretsar allt väsentligt som finns att säga om hans gåtfulla gestalt.

Hur såg ondskans trakt egentligen ut i Hitlers rike? Fanns där rågångar som tydligt gick att urskilja? Gick Albert Speer med öppna ögon över avgörande gränser? I så fall när och hur?

Albert Speer tillstod medskuld i Tredje Rikets illgärningar på ett generellt plan men aldrig i klara verba på ett personligt. Det var emellertid det personliga hans livslånga kamp med sanningen handlade om. Denna kamp beskrev, som tidigare påpekats, en fascinerande vågrörelse:

Han närmade sig och flydde, närmade sig och flydde sina mörkaste minnen men återvände alltid till platsen för sitt brott – så som det från tid till tid stod fram för honom.

I femtio år har Albert Speer anklagats för att ljuga när han envist hävdade sin bristande kännedom om gaskamrarna. Och Gitta Sereny slår som tidigare nämnts fast att det nog är det han gör. Hon unnar honom emellertid tillgiften av ett ”nog”. För detta med lögn och sanning i våra liv är inte alldeles svart-vitt. Även om Sereny presenterar en indiciekedja som näst intill bevisar att Albert Speer senast i oktober 1943 måste ha blivit underrättad om alla detaljer i det nazistiska judeutrotningsprogrammet – och att han därför inte talar sanning när han hävdar det han hävdade sedan Nürnberg – så är det kanske inte så enkelt att han rätt upp och ned ljuger.

Livslögnen besitter en komplicerad psykologisk dynamik och dess verksammaste komponent är snarare förträngningen än den iskalla osanningen.

Frågan jag börjat ställa mig under min mångåriga kamp med Albert Speer och sanningen är om en intelligent och också i många avseenden realistisk och smart person som Speer skulle ha givit sig på det kolossala projektet att efter Nürnberg, när han väl räddat sitt skinn, aktivt vidhålla sin okunskap om gaskamrarna, om han inte hade övertygat sig om att det var så. Eller att det i varje fall kunde ha varit så.

Naturligtvis kunde Speer inte helt plötsligt krypa ur den ståndpunkt han intog i Nürnberg. Inte ens när han väl suttit av sitt straff. Men han kunde ha gjort det i en kringgående rörelse. Han kunde ha lagt en del kort på bordet, en omsorgsfullt sorterad hand, något som i själva verket hade varit rimligare i en eftervärlds ögon: Självfallet kunde ingen av oss förbli ovetande men med mina arbetsuppgifter var det lätt att se bort.

I stället väljer Speer en ganska hopplös försvarslinje. Jag visste inte, för jag ville inte veta. Den intelligente Speer reagerar inte för självmotsägelsen i påståendet: Det man inte vill veta vet man redan i viss bemärkelse.

Jag tror Albert Speers skuldkänslor var så outhärdliga att han måste tro på det han själv sade och till sist gjorde det därför att det inte var så långt ifrån sant. Så märkligt tror jag faktiskt att Tredje Riket var, och en så märklig anomali i sin omgivning tror jag Speer var, att han häpnadsväckande länge kunde hållas och hölls utanför den monstruösa hemligheten. Däremot tror jag inte att det höll hela vägen ut. Det visar inte minst Gitta Serenys resonemang.

I sina memoarer hävdar Albert Speer att det är Karl Hanke – hans gode vän från Partiets motorsektion och de lyckliga åren i trettiotalets början, sedermera Gauleiter i Schlesien – som ger honom den enda fingervisningen om förintelselägren han någonsin får i sin makts dagar. Uppenbart omtumlad och uppskakad förklarar Hanke för honom en dag på sommaren 1944 att han – Speer – aldrig under några omständigheter fick acceptera en inbjudan att inspektera ett läger i norra Schlesien – numera Polen. Där hade Hanke sett något ohyggligt som han egentligen inte fick tala om och för övrigt inte heller förmådde tala om. Speer slår fast att det måste ha rört sig om Auschwitz.

Det här går jag inte på, säger nu den nyktre läsaren något bevandrad i Tredje Rikets historia. Karl Hanke tillhörde partieliten och Hitlers betrodda och var därmed också en av de hårdast belastade när man ser till Förintelsen och hur den blev möjlig. Skulle han verkligen ha yttrat sig på detta halvt om halvt oskuldsfulla sätt till Speer?

Vid närmare eftertanke är jag emellertid mindre och mindre säker på att detta är en lögn även om sanningen kanske inte såg ut så här heller.

Jag påminner mig nämligen historien om Himmler som

Christa Schröder, Hitlers sekreterare, berättade för Gitta Sereny. Hur denne svimfärdig vacklar ut ur Hitlers ämbetsrum sedan den slutgiltiga ordern utgått: Judarna ska inte deporteras, de ska slaktas.

Det är inte bara möjligt utan till och med sannolikt att Karl Hanke reagerade på exakt samma sätt när han såg vad som pågick i Auschwitz.

Koncentrationslägret var naturligtvis välbekant för honom men någongång 1942–43, knappast 1944, blev han förmodligen vittne till vad Rudolf Höss och SS verkligen höll på med.

Säkert blev han utom sig. Säkert fick han använda en hel del tid och kraft till att stålsätta sig som Himmler så enträget anmanade alla som engagerades i förintelseprojektet: Här var inte läge för några konventionella samveten – uppdraget tyskarna fått av den Tusenåriga Historien, förmedlat av Führern, var större än så. Det gällde att bita ihop. Eller låt oss ta det mer ordagrant. För att visa var en Himmler eller en Hanke eller en Goebbels kunde hamna någonstans när de stålsatt sig tillräckligt.

Såhär uttrycker sig Heinrich Himmler vid ett möte för SS-toppar samt diverse andra höjdare inom parti- och statsledning den 4 oktober 1943: ”Det är lätt att säga – det gör vilken partikamrat som helst – 'att det judiska folket ska utrotas, det är ju givet, det står i vårt program: judarnas utmönstring och utrotning det ordnar vi'. Och så kommer de allihop, de åttio miljonerna präktiga tyskar som var och en har sin hyggliga jude. Det är klart att de andra är svin men det här är en prima jude. Ingen av dem som talar så har sett det, gått igenom det. Av er torde de flesta veta vad det vill säga när hundra lik ligger där bredvid varandra eller femhundra eller tusen ligger där. Att uthärda detta och ändå – frånsett undantagsfall av mänsklig svaghet – förbli en anständig människa, det har gjort oss hårda. Detta är en ärofull sida i vår historia som aldrig har skrivits och aldrig kommer att skrivas.”

Såhär förryckt kan en världsbild bli, så här radikalt kan värdenas, begreppens och ordens innehåll byta förtecken, när den besatta människan ger sig till att manipulera sin inre moraliska kompass och sedan står där med en trasa och en nål som snurrar oregerligt tavlan runt.

I efterhand ter sig just denna stålsättnings- eller manipulationsprocess som Himmler så tydligt illustrerar oerhört svår för oss utomstående att förstå. Likväl tror jag att den måste förstås, att vi måste lära oss någonting om inre nedbrytning, om samvetets halveringstid för att vi ska begripa någonting alls av Förintelsens anatomi. Förintelsen försiggick dock bland civiliserade människor i en stor kulturnation.

Allt nog, episoden Albert Speer talar om har sannolikt ägt rum. Han bara placerar den i fel tidsföljd – som de skickliga lögnarna brukar göra. Karl Hanke har säkert mer eller mindre grön i ansiktet sagt just så till Speer: Låt bli att åka till vissa ställen …

(Jag tror sådana yttranden var rätt vanliga i parti- och statsledningen i Nazityskland i slutet av 1942, början av 1943, när de olika inblandade var osäkra på vad den andre visste. Det var ett sätt att lufta egna outhärdliga känslor och testa motparten på vad han eventuellt kände till.)

– Jag ställde inga fler frågor, säger Albert Speer i sina memoarer. Jag frågade inte Himmler. Jag frågade inte Hitler. Jag talade inte med mina personliga vänner. Jag gjorde inga efterforskningar – för jag ville inte veta vad som pågick.

Såhär långt kommer Albert Speer i sin text. Nej, i själva verket kommer han en liten bit till.

Han säger att han från och med detta ögonblick, då Karl Hanke varnade honom och han i gengäld valde att blunda, fullt medvetet valde att se bort, blev ”moraliskt kontaminerad" med skulden till detta vanvettiga brott mot judarna, mot mänskligheten.

Och vi ska lyssna noga nu till hur Albert Speer uttrycker sig, för redan här kan vi ana hans kamp med sanningen, hans dubbla bokföring, nedtecknad i fängelset eller strax efter frigivningen, innan Den Stora Fighten blev offentlig i och med utgivningen av memoarerna 1969 varefter envigen med sanningen förvandlades till livsinnehåll i Speers ödsliga post Spandau-tillvaro.

Såhär skriver Albert Speer: "Det var de här sekunderna (då Hanke "varnade" honom; min anm.) som främst stod för mig då jag inför den Internationella Domstolen i Nürnberg konstaterade att jag som betydelsefull medlem av statsledningen i Riket var tvungen att ta på mig min del av ansvaret för allt som hade hänt. För från och med det ögonblicket var jag ofrånkomligen nedsmutsad moraliskt; av rädsla för att upptäcka något som hade fått mig i gungning, blundade jag. Denna medvetna blindhet överflyglar allt gott jag eventuellt gjorde eller försökte göra i krigets slutskede. De handlingarna krymper ihop till ett intet. På grund av att jag då, den gången, inte höll måttet, känner jag mig ansvarig för Auschwitz på ett helt personligt sätt."

Som jag läser den här texten är vi mycket nära en bekännelse men likväl inte riktigt där.

Albert Speer har säkert ett ögonblick i minnet då han står inför skranket i Nürnberg. Men det är inte minuterna eller sekunderna med Karl Hanke. Det är ögonblicket då han blir informerad, då saken står helt klar för honom. Albert Speer slöt säkert ögonen, blundade och såg bort. Men inte för att slippa veta utan för att slippa reagera.

Domen han uttalar över sig själv i ovanstående textavsnitt bär en stark prägel av äkta personlig skuld samtidigt som Speer på sitt typiska sätt i samma andetag garderar sig: Det är som del av kollektivet jag upplever mitt ansvar.

– Vad jag visste eller inte om judeutrotningen är i skuldhänseende betydelselöst i förhållande till vad jag borde ha vetat, säger Speer på ett annat ställe i memoarerna.

Skitsnack! Självklart är man mer insyltad om man vet och låter bli att reagera än om man inte vet fast man borde ha vetat. Men yttrandet avser både att yppa och att dölja någonting precis som det föregående om den personliga skulden som i nästa ögonblick bara var delaktighet i en kollektiv skuld.

Jag tror Albert Speer i efterhand är marterad av att han länge nog ignorerade hela det avskyvärda politikkomplex i Hitlerregimen som kretsade kring judarna och av att han som pricken över i-et skakade av sig vad han fick veta när han fick veta det – Auschwitz, Maidanek, Bergen-Belsen eller vad det nu var – för i det skedet förmådde han inte annat, orkade inte annat.

Jag tror Albert Speer i efterhand var fylld av fasa över allt han faktiskt deltog i, förfärad över hur långt han gick med bara för att han inte orkade gå emot. Han känner sig skyldig, skyldig, skyldig…

Men kanske känner han sig också litet lurad: Hur i herrans namn skulle jag veta att ni – Hitler, Himmler, Göring, hela sällskapet – faktiskt var så förbannat galna..!

Av de här två emotionella huvudfårorna gör han en syntes: Klart jag är skyldig… men inte visste jag att det var ända bort i helvetet vi hamnade till sist, allihop.

Jag tror det är något i den här stilen Albert Speer försöker uttrycka med sina dubbel- och trippelexponerade skuldförklaringar.

Som sagt var, Albert Speer var inget odjur, och delaktighet i Tredje Rikets ogärningar kvitterar man inte med ett ”visst, jag ber om ursäkt”. Än en gång bör vi minnas Hilde Speers ord: Min far erkände så mycket man kan erkänna och ändå leva vidare.

Så var det nog. För när sanningen i hela sin ohyggliga vidd stod klar för Albert Speer på hösten 1943, hävdar Gitta Sereny, då bröt han ihop. Lade sig ned och nästan dog.

12

När Albert Speer blev helt på det klara med judarnas öde – inte bara att de behandlades illa, deporterades och sköts slumpmässigt utan att de systematiskt dödades, företrädesvis med gas – får vi aldrig veta. Men Gitta Sereny ringar in ett datum, som är det sannolika eller i varje fall det senast tänkbara. Efter det finns ingen möjlighet att han var okunnig om det väsentliga.

Vi är tillbaka i Posen den 4 oktober 1943, toppmötet för alla partiets Gauleiter. Albert Speer deltog i konferensen, höll själv ett långt anförande på förmiddagen och apostroferades dessutom av Himmler i dennes vidriga tal, som hölls på eftermiddagen.

– Ni, Speer, är inte en av dessa obstruerande tyskar (som kommer dragande med var sin praktjude som ska skonas), lär Himmler ha sagt och pekat ut i publiken mot den plats där Speer satt. Eller skulle sitta.

Det är professor Eric Goldhagen från universitetet i Harvard som år 1971 gräver fram protokollen från detta möte. Och där finns denna utvikning från Himmlers manus, det manus som i sin ursprungsform finns återgivet i åtskilliga studier över nazismens tal och skrifter och där alltså Speers namn saknas.

Eric Goldhagen publicerar sitt fynd i tidskriften Midstream just vid den tidpunkt då Albert Speer, 66 år, är föremål för intensiv debatt efter succén med memoarerna vilkas sanningsenlighet dock omedelbart ifrågasattes. Svart på vitt, ser vi här att Albert Speer är en betydligt mer sammansatt person än han ger sig ut för att vara och att hela den försvarslinje han har följt ända sedan Nürnberg är lögn, fastslår Goldhagen.

Citatet är naturligtvis förödande för Speer. Och dessutom är detta, enligt Goldhagen, inte allt Heinrich Himmler hävde ur sig: Efter att ha utropat ”ni, Speer är inte en av dessa obstruerande tyskar…” lär han ha fortsatt: ”Ni och jag kommer här i Polen att slita varenda levande jude ur händerna på arméns generaler och skicka dem i döden och på så sätt sätta punkt för den polska judendomen.”

Efter dessa avslöjanden borde det inte finnas så mycket kvar för Albert Speer att lägga till. Men konstigt nog gör det det, för med Albert Speer är ingenting så som man tror att det är. Varken på det ena eller det andra sättet.

Inte överraskande når Gitta Serenys bok om Albert Speer en av sina dramatiska höjdpunkter när hon beskriver de scener där hon konfronterar Speer med detta material.

I själva verket är det Speer själv som först rör vid den heta potatisen. En ny bok om honom, en artikelsamling som disktuerar fallet Speer som ett tyskt dilemma, ska utkomma och han inser att just Goldhagens påståenden är centrala i den volymen. Han bestämmer sig för att förekomma artiklarna och journalisterna och berätta själv för Gitta Sereny.

Vad han inte vet är att Sereny har läst allt och dessutom gjort egna efterforskningar.

Speer redogör för Goldhagens upptäckter. Sakligt och korrekt. Men medan han berättar ser Gitta Sereny till sin förskräckelse att han först blir illröd i ansiktet och därefter likblek. Hon störtar upp efter ett glas vatten, öppnar fönstret, låter honom hämta andan en god stund.

Albert Speer, 72 år, lutar armbågarna mot köksbordet i

sitt hemtrevliga hus i Heidelberg och begraver ansiktet i händerna.

– Visst, jag var i Posen, säger han till Gitta Sereny. Jag minns det mycket väl. Jag minns mitt eget anförande. Men jag kan inte för mitt liv påminna mig att jag någonsin hört detta tal!

– Men jag vet att Himmler höll det, fortsätter Speer, för jag har själv gått till arkiven och det finns där. Det märkliga är bara att den där sista förfärliga meningen har jag inte kunnat finna i något protokoll.

Albert Speer är ohyggligt plågad. Och han är en gammal man med disposition för cirkulationsrubbningar. Gitta Sereny kan inte låta bli att komma honom litet grann till mötes.

– OK, säger hon. Jag har läst Goldhagen och jag har också grävt i arkiven. Och jag har inte heller kunnat finna den där meningen.

Nu följer något mycket märkligt, för att inte säga komprometterande, när det gäller en professor i historia. Den ihärdiga Gitta Sereny har ringt upp Eric Goldhagen och frågat honom hur det kommer sig att den avslutande meningen, som inte bara kastar omkull hela Speers försvar utan dessutom förvandlar honom till en blodtörstigare aktör i den tyska tragedin än någon velat tro honom om, inte står att finna i protokollen.

Då tillstår Goldhagen att Himmler väl aldrig sade något sådant! Det var en anmärkning, ett slags klargörande tolkning Goldhagen hade gjort för sig själv i en fotnot och som Midstreams redaktör av misstag hade trott var ett citat. Goldhagen hade aldrig kommit åt att rätta det. Fast sex år hade förflutit sedan artikeln publicerades hade Goldhagen ”inte kommit åt” att rätta ”misstaget”.

Gitta Sereny gör ingen större affär av saken men Eric Goldhagens trick tillhör definitivt de absolut förbjudna i varje forskarsamfund: För att bevisa sin övertygelse hittade han helt enkelt på en förstärkning åt den evidens han faktiskt hade.

Himmler har använt Speers namn – det är fullt klart. Men riktigt hur och i vilken avsikt är inte helt tydligt eftersom tonfall och syften inte alltid går att utläsa ur protokoll. Därför har Goldhagen förbättrat litet!

Gitta Sereny berättar om sitt samtal med Goldhagen för Speer som blir så lättad att han återigen håller på att svimma.

Albert Speer har ägnat oceaner av tid åt Eric Goldhagens bevis, som ju effektivt punkterar myten om hans relativa oskuld. Han har forskat som besatt i dagar och veckor. Han har förundrat sig över den gåtfulla meningen som han inte kunnat hitta men framför allt har han uppenbarligen varit på jakt efter vad som ännu kan plockas fram ur arkivskåpen och vändas emot honom.

När han pratar med Gitta Sereny den där förvårdagen 1977 har den värsta pinan egentligen redan släppt. En god vän, den tyske industrimagnaten Walter Rohland, har försäkrat Speer att anledningen till att denne inte minns Himmlers tal överhuvudtaget är den att han aldrig hörde det! Speer och Rohland hade lämnat Posen tillsammans innan talet hölls. De hade åkt i Speers bil till Führerhögkvarteret i Rastenburg och stuckit direkt efter lunch. Himmler talade först på eftermiddagen.

Albert Speer har faktiskt tagit skriftligt på detta. Han har även tagit skriftligt av Harry Siegmund som var administrativ assistent åt Gauleitern i Posen och som också säger sig minnas att Speer lämnade konferensen vid lunch och som därtill påpekar att möteslokalen var så skum att den närsynte Himler omöjligt kunde urskilja om Albert Speer satt kvar eller inte.

Så vad oroar han sig för? Varför är Albert Speer så fruktansvärt illa till mods när han redogör för Posen och Goldhagens anklagelser om han en gång har fått försäkringar om att han inte var på plats?

Nåja, Himmlers apostrofering av honom är obehaglig vare sig han var där eller inte och mot den bakgrunden kan man förstå hans lättnad när Gitta Sereny visar att Goldhagen inte är tillförlitlig. Den judiske professor Goldhagen är som så många andra in i ryggmärgen provocerad av Speer och dennes anspråk på att "icke ha vetat" att han i ivern att massakrera den skenhelige mest skadar sig själv.

Men ändå förefaller Albert Speers starka reaktioner, som ju kommer till synes därför att hans kropp lever sitt eget liv och avslöjar det hans järnhårda mentala självkontroll framgångsrikt döljer, svåra att förstå om man inte antar att det är här det börjar brännas på allvar. Någonstans här är platsen för det oförlåtliga brottet.

Gitta Sereny är spårnoga som en strävhårstax och nöjer sig inte med de skriftliga bevisen för Speers frånvaro under Himmlers vedervärdiga utgjutelser, som den gamle ordlöst räcker henne. Hon undersöker hur de har kommit till och finner att de uppvisar drag av "bekännelser under galgen". Speer hade tjatat, bönat och bett om att få dem, vilket innebär att hans "vänner" säkert var uppriktiga när de talade med honom om sina minnesbilder men att de högst motvilligt gav skriftligt på dem. Så säkra var de inte.

Dessutom finner Gitta Sereny i Albert Speers kvarlåtenskap utkast till artiklar där denne går i försvar mot Goldhagen och invecklar sig i förklaringar som inte tål kritisk granskning. Många avstod Speer sedan klokt nog ifrån.

Vad Albert Speer har i sinnet när han börjar dra Goldhageneländet för Gitta Sereny och samtidigt drabbas av en attack som påminner om hans ungdoms svimningsanfall, kan man ha många teorier om.

Kanske visste han att han ljög? Kanske visste han att han inte ljög men att förklaringarna som hopades på varandra var fullkomligt osannolika. Kanske visste han att han både ljög och talade sanning, att han faktiskt aldrig hörde talet men självfallet hörde om det?

Gitta Sereny säger på basen av sina mångåriga efterforskningar att det är omöjligt att bevisa vare sig att Albert Speer var i Posen eller att han inte var där vid tiden för talet. Men Sereny anser det till sist ganska ovidkommande.

För en sak är säker: Följande dag träffades stora delar av den ledningsgrupp som hade åhört Himmlers tal vid ett nytt möte hos Hitler. Och då var Speer med. Det förnekar han inte. Många hade, enligt dagboksanteckningar av bland andra Goebbels och Hitlers siste adjutant Nicolaus von Below varit så illa till mods över vad de hört att de inte förmådde äta – bara dricka. Och Speer minns också i memoarerna ett fruktansvärt bakrusigt sällskap som dök upp på en konferens hos Hitler – som vanligt placerar han dock tidpunkten fel.

Det är fullkomligt otänkbart att Speer inte under hela dagen hörde sina upprivna kolleger säga ett enda ord om innehållet i Himmlers tal.

Medan Speer ännu är i livet blir Gitta Sereny i tillfälle att fråga honom om denna följande dag.

– OK, jag tror er på ert ord att ni inte var i Posen, men följande dag då? Ni kan inte mena att ingen sade ett ljud?

Albert Speer tiger. Efter en stund medger han att någon talade om för honom att Himmler hade nämnt hans namn. Men ingen hade uttryckligen sagt vad talet handlade om.

Gitta Sereny blev, som vi vet, påtagligt fäst vid, för att inte säga förtjust i Albert Speer under sina många och långa samtal med honom, mänskliga möten i vilka Speer öppnade sig för henne som för få andra. Han var så oerhört tilldragande på så många sätt. Därför vill hon gärna tro honom.

Men hon gör det inte. Gitta Sereny är övertygad om att Albert Speer ljuger. Eller om vi uttrycker det med den misskund hon ändå vill visa honom: Här är platsen för brottet, här blockerar han minnet, här kläcks livslögnen.

Det är möjligt att lögnen gäller Posen. Att han faktiskt var där, att han hörde Himmlers tal, satt där och blev utpekad i en utvikning som eventuellt var ironisk.

(Såväl Speers egna memoarer som många vittnesmål av hans samtida ger nämligen vid handen att Albert Speer och Heinrich Himmler är på väg att bli dödsfiender just vid den här tidpunkten. Himmler anser att Speer breder ut sig över hans kompetensområde. SS-chefen desavouerar Speers order allt vad han hinner. Det är inte otroligt att Speer hade bråkat med Himmler även om behandlingen av judarna, inte för att han var moraliskt upprörd utan, som han själv vältaligt vittnat om, behövde folk till sin krigsindustri och var störd över att judarna deporterades från Tyskland och kom till ringa nytta.)

Det är möjligt att lögnen gäller "dagen efter". Det är möjligt att lögnen gäller båda. Det sannolika är att lögnen gäller ett antal tillfällen under hösten 1943 kulminerande i den stora regressionen, raset ned i underjorden de vansinniga dagarna kring Himmlers tal den 6 oktober då allt man dittills viskat om sades ut.

För så var det. Gaskamrarna var inget man annonserade ut på gator och torg. Daniel Goldhagens (ej att förväxla med Eric) tes om tyskarna som Hitlers villiga bödlar är i huvudsak felaktig.

Förintelsens förlopp kännetecknas av ett otal paradoxer. En av de svårfattligare finns dokumenterad i den korta sekvens av Himmlers tal som finns återgiven i föregående kapitel. Där sägs att nazisterna å ena sidan berömmer sig av en "kulturgärning" som eftervärlden kommer att tacka dem för – utrensningen av judarna. Å andra sidan kommer eftervärlden aldrig att kunna tacka dem därför att gärningen aldrig kommer att omtalas, nedskrivas eller dokumenteras.

Hitler visste, som jag tidigare påpekat, att förutsättningen för en "lyckad förintelse" var att så få som möjligt visste om den – vilket i slutändan blev många nog ändå. Motstånd och obstruktion skulle växa med kvadraten på antalet införstådda och alla revoltörer kunde man inte arkebusera.

Men inte nog med det. Nästan alla invigda kände omedelbart på sig att man inte skulle tala om detta. Här kan vi iaktta människans självmanipulativa förmåga vid dess mest extrema gräns: Det gick inte att tycka annat än att det som gjordes och skulle göras var ohyggligt – även om det var nödvändigt sett ur det frälsningsperspektiv man anslutit sig till i Hitlers brödraskap – men det blev mindre verkligt om det inte diskuterades. Eller kanske så här: Hitlers order sträckte sig bort om förnuftets och det moraliskt hanterbaras gränser. Sådant förstummar.

Trots att jag delar Gitta Serenys slutsats av allt hon och andra klarlagt om Albert Speer, att denne ljuger om sin okunskap om Förintelsen från och med hösten 1943, är jag inte så säker på att exempelvis de bakfulla distriktsledarna, SS-cheferna och ministrarna i Hitlerhögkvarteret i Rastenburg talade i klartext om vad de hört Himmler säga dagen innan. Det gick inte.

Till de komplicerade sammanhangen hör ännu att medlemmarna i partitoppen inte tyckte om Speer, de avskydde hans överklassarrogans. Och Albert Speer uppger i sina memoarer, där han behandlar mötet i Posen rätt utförligt, att han dessutom hade råkat i gräl med hela sällskapet därför att han hade hotat de rundmagade partikoryféerna med repressalier ifall de inte slutade bryta mot ransoneringsbestämmelserna för konsumtionsvaror. Kuriöst nog hotade han dem med Himmler, som minsann skulle ta itu med dem, vilket visade sig vara ett skäligen tomt hot eftersom denne ägnade sig åt att inskärpa att Speer inte hade rätt att beordra någonting.

Så nog måste det ha legat väldiga spänningar i luften när Speer och de övriga herrarna återförenades i Rastenburg. Just därför är jag benägen att tro att det kanske inte talades särskilt tydligt om vad som förevarit dagen innan men att det säkert talades. Säkert såg man till att säga just så mycket på ett just så insinuant sätt att Speer säkert skulle förstå vad som avhandlats och hur hans namn hade använts. Förstå vare sig han ville eller inte. Varför skulle riks- och distriktsledarna ha låtit den fisförnäme herr Speer komma undan?

Därtill återstår fortfarande, som tidigare nämndes, möjligheten att Speer faktiskt befann sig i Posen och tillhörde den del av auditoriet som gick i bitar av vad de hörde och insåg. Han hängav sig inte åt alkohol för att nödtorftigt komma på fötter. Han hängav sig åt sitt jobb och åt en fullkomligt rasande minnesförlust

13

Kanske var det just de där dagarna, vanvettets och desperationens dagar i Posen och Rastenburg, som stod för Albert Speers inre blick när han inför domarna i Nürnberg tog på sig så mycket skuld han vågade för Tredje Rikets brott – vågade med hänsyn till att han inte ville bli hängd.

Kanske var det helt andra ögonblick om vilka vi aldrig kommer att få veta något eftersom Albert Speer tog med sig dem i graven. Kanske stirrade han envetet på sekundärminnen som människor är benägna att forma när de har erfarit något de inte kan bära.

Han talade inte sanning i Nürnberg, han ljög. Emellertid ljög han ganska sanningsenligt. För Albert Speer var sanningen i hela dess ohyggliga vidd för överväldigande för att den skulle gå att undkomma genom en lögn eller två eller tre. Sanningen gick att hantera bara genom att nästan tala om den, genom att kämpa, kämpa, kämpa...

Gitta Sereny kommer inte längre med Albert Speer vid det hemtrevliga köksbordet i villan i Heidelberg på vårvintern 1977. Han vidhåller att fylltrattarna i Rastenburg inte pratade om vad de hade hört i Posen. Och själv var han pressad långt utöver det uthärdligas gräns.

I det här skedet är Gitta Sereny ännu inte helt säker på vad hon ska tro om Speers uppgifter. Hon är benägen att ta dem för goda. Först efter Speers död, under det femtonåriga arbetet med boken, får hon fram så många vittnesmål som undergräver trovärdigheten i Speers försvar att hon blir övertygad om att han levde på en lögn och att den etablerades de där oktoberdagarna 1943.

Hon kommer inte längre men hon släpper honom inte. En dag när de sitter i vardagsrummet och mal sig igenom krigets slutskede och den i och för sig intressanta frågan varför Albert Speer fortsatte sina desperata rustningsansträngningar till ohyggliga mänskliga kostnader, trots att han redan 1943 måste ha varit klar över att kriget var förlorat, hoppar Gitta Sereny tillbaka till Förintelsen.

– Nåväl, ni visste inte, men vad hade ni gjort om ni hade vetat då?

Albert Speer tänker länge innan han svarar. Till sist fixerar han Gitta Sereny med sin mörka, svårgenomträngliga blick och genmäler lågt:

– Jag hade gjort allt, precis allt, för att vinna kriget åt den där mannen (Hitler, min anm.).

Som det en gång var, så var det, vad som än komma skulle. Speer har inte glömt den passionerade livskänslan i symbiosen med Hitler. Inte ens efter trettio år.

När Albert Speer tecknar ned sina minnen, först i rannsakningshäktet i Nürnberg och därefter i Spandau, har hans illusioner om Hitler givetvis spruckit, varenda en. Han ägnar mycken skrivkraft åt att lägga sin nyktra backspegelbild över sin förkrigstida, förtrollade, för att få syn på glappet, för att begripa hur han kunde ta ett monster för en prins. Hans intellektuella iakttagelser är skarpa och insiktsfulla.

Icke desto mindre kan man hos Speer, hela livet ut, spåra tecken på att Hitler aldrig helt har förlorat sin makt över honom. Det är som om han mindes fullkomligt olika saker beroende på om han minns med huvudet eller med hjärtat. Det oupplösta bandet till Hitler kommer till synes i obevakade ögonblick, då hans starka men tuktade känslor rymmer för honom en sekund.

Albert Speer måste ju ha burit på emotionella spänningar han aldrig talade med någon om. Spänningar som utgick ifrån att allt det som var storslaget när han en gång upplevde det måste förklaras ogiltigt. Han diskvalificerar ständigt sitt liv inför sig själv. Men likväl finns upplevelserna där med sin färg och sin smak och ger sig till känna ibland. På gott såväl som på ont.

Som när Gitta Sereny frågar om han inte alls kunde se civilkuraget hos enskilda som ifrågasatte nazismen, exempelvis syskonen Schroll som ju saklöst avrättades för att ha spridit antinazistisk propaganda. Speer svarar:

– Å det vore så lätt för mig att svara utifrån vad jag tycker idag. Problemet är att jag inte tyckte det då!

Speer är upprörd när han tar till orda den här eftermiddagen fast det inte hörs på hans röst eller syns i hans ansiktsuttryck. Det är motoriken som förråder honom. Han måste ideligen upp ur stolen, rätta till gardiner, ordna skivsamlingen.

Det är hårt att år efter år stirra ned i sin egen avgrund och makulera sin självbild. Jag tror det finns ögonblick då Speer är rasande på alla frågor han begär och får: Lätt för er att säga med era höga tankar om er själva. Och hur har ni prövats om jag får fråga?

Visst, Albert Speer fortsatte på hösten 1943 att göra sitt yttersta för att vinna kriget åt den där mannen. Eftervärlden har tvistat om det var hans förtjänst eller andra omständigheter, bland annat den hänsynslösa rovdriften på människor, som gjorde det, men häpnadsväckande länge höll rustningarna stånd i det sönderfallande Riket trots att bomberna regnade över Tyskland i tätnande skurar.

Albert Speers rykte som organisatör är det dock ingen som har ifrågasatt. Samma egenskap som tillät honom att bygga Rikskansliet på nio månader – han började med att beställa mattorna eftersom de tog längst tid att framställa – gjorde det möjligt för honom att inte bara förutse de strategiska bombningarnas mål utan också att prompt ha behövlig utrustning på plats för att nödtorftigt reparera skadade fabriker, bygga improviserade broar, flytta produktionsenheter undan faran, hålla samhällets infrastruktur något sånär intakt mitt i den allmänna oredan.

Han anstränger sig efter sin förmåga, nej över sin förmåga. Inte många märker att Albert Speer under november och december 1943 är på väg att bryta samman. Vid jultid vägrar han att återförenas med familjen, trots att ännu ett nyfött barn väntar på att bli besiktigat av sin stolta far. Han förmår inte fira jul i familjens sköte.

Med några nära medarbetare åker Albert Speer till det finska Lappland, till de tyska trupperna där men också till mörkret och tystnaden. Han sover under bar himmel nedbäddad i renskinn, han tittar på stjärnorna och han förbannar året 1943.

I ett tidigare kapitel nämndes Dora, det underjordiska tvångsarbetslägret som skulle producera nya missiler för det tyska luftanfallet och som stod under SS kommando och rustningsministeriets finansiella överinseende. Det var det lägret Speer besökte i december 1943, efter Posen, och som ännu 35 år senare får kallsvetten att bryta fram i hans panna när han berättar för Gitta Sereny.

Allt tyder på att det är vid tiden för Posen som det första stora skalvet drabbar skansarna i Albert Speers inre fästningsverk då fasan inför Hitlers gärningar börjar slå rot i honom och förgifta hans idealiserade Hitlerbild, förgifta näringen hans eget jag sög ur dess ljusreflex. Skalvet innebar naturligtvis inget omedelbart totalras. Bara djupa sprickor i bygget.

Sedan kom säkert efterskalv under höstens lopp, villrådighet, inre tumult nödtorftigt tyglat av en bedövande trötthet. Och så till sist Dora.

Det förefaller som om Speer i efterhand har svårare att handskas med Dora än med Posen, vilket skulle tyda på att hans minne har funnit på ett sätt att komma runt Posen men inte klarat av motsvarande i fallet Dora.

Själva minnesbilden från Posen är av naturliga skäl betydligt uthärdligare än den från Dora. Där står han i kretsen av Hitlers något changerade hov, fortfarande i hög grad som en outsider, väl medveten om sitt eget värde. Vad han under de laddade dagarna insett och förstått sjunker ljudlöst ned i hans omedvetna där det förvandlas till en depressionshärd med svårupptäckt strålning.

I minnesbilderna från Dora är Albert Speer rätt och slätt dödsängeln själv. Därför tiger han om Dora i memoarerna, i sin officiella apologetiska text, men han har ju inte glömt.

Mycket tyder på att Albert Speer har en period i Spandau, när några år har gått men oerhört många ännu återstår, då hans självrannsakan har ett djup och en uppriktighet, som inte går att hålla kvar år efter år men som är övertygande och som för övrigt återkommer då och då under hans långa liv, återkommer i mörka glipor av den briljanta föreställning han spelar upp, en föreställning som också handlar om uppriktig skuld och ånger. Det är under en sådan period han skriver brev om Dora och därmed ger en antydan om sitt eget sammanhang.

För Dora blev, som sagt var, för mycket för Albert Speer. Efter det kunde han inte tänka sig några tindrande barnaögon vid juletid. Han ville ha mörker och natt.

I Lappland blir Albert Speer sjuk. Han vaknar en natt med en pinande värk i sitt högra knä. Han hankar sig fram upprätt fram till nyår då han återvänder till Tyskland. Han firar nyårsnatt hos Göring på Karinhall. Fortfarande ingen hustru, inga barn i krokarna.

Albert Speer är trettioåtta år och i det närmaste slut. Han känner sig tömd på alla krafter, han är svårt halt. Den 18 januari 1944 förs han till sjukhus.

Flydde jag? frågar han i memoarerna.

Diagnosen som ställs först långt om länge är blodpropp. Han känner väl igen den när han femton år senare drabbas på nytt i Spandau. Också den gången håller han på att stryka med fast han behandlas av läkare som vill rädda honom i motsats till doktor Gebhardt, Himmlers närmaste vän, som funderade ut vilken vård som skulle göra mest skada.

I rustningsministeriet vidtas omedelbart förberedelser för palatsrevolution.

14

Albert Speers sjukdom feldiagnostiserades från första början. Doktor Gebhardt, som drev det Röda Kors-sjukhus nittio kilometer norr om Berlin, dit Speer fördes, var specialist på knäledsåkommor och bestämde sig för att rustningsministern led av en inflammation i knät.

Att tillhöra den mäktiga klicken runt Hitler och plötsligt få rykte om sig att ha dålig hälsa var liktydigt med att bli lovligt byte för de svartsjuka primadonnorna i gruppen som med lust och glädje störtade varandra i olycka. Det visste Albert Speer mycket väl. Han visste också att den olyckliga dubbelorganisation av partikommando och gängse ministeriell organisation, som vid det laget satte sin prägel på hela förvaltningen i Tredje Riket, var ägnad att skapa ett getingbo av intriger kring alla centrala figurer och alla centrala beslut och att detta förvärrades så fort man själv inte var på plats.

Albert Speer visste med andra ord att hans ställning som rustningsminister eroderade med kvadraten på varje timme han var frånvarande och i början gjorde han ansträngningar att styra sitt fögderi från sjukbädden.

Vad Speer inte visste var att hans läge var mycket värre än så. Han var i händerna på en läkare som inte ville honom väl och han led av en allvarlig sjukdom – blodpropp i benet – som han inte fick rätt behandling för. Dessutom var han svårt överansträngd såväl psykiskt som fysiskt.

Efter några veckor svävar Albert Speer mellan liv och död. Två nya blodproppar, denna gång i lungorna, leder till andningssvårigheter, skenande puls, ihållande smärtor i rygg och bröst samt blodiga upphostningar men doktor Gebhardt framhärdar i att roten till hans onda är något reumatiskt.

Fru Speer som ser att maken håller på att dö skickar via Hitlers livläkare Karl Brandt (som inte heller var någon ängel precis) efter en specialist i invärtesmedicin som ställer rätt diagnos på en sekund men i övrigt inte kan göra så mycket utom att underlätta andningen för patienten som fortfarande är en ung man.

Speer återhämtar sig men det tar fyra månader. Under

den tiden har partirepresentanterna i hans ministerium Fritz Sauckel och Otto Saur samt chefen för den ännu intakta organisation Todt som var inkorporerad i ministeriet, Xaver Dorsch, som både misstrodde Speer ur djupet av sitt hjärta och beundrade honom lite grann, gjort sitt bästa för att dela sin sjuke chefs imperium mellan sig samtidigt som de har givit vingar åt ryktena att Speer aldrig kommer igen.

De får fel. Albert Speer är ingen dålig intrigmakare själv och en vacker dag står han där igen som tupp på sin gamla sophög. Ännu en gång är det hans unika relation till Hitler som träder i funktion. Bormann och Himmler, som från var sitt håll ingått förbund med myteristerna, står åter handfallna inför denna obegripliga love story.

Men någonting har hänt. Någonting i Albert Speers seende har förändrats när han i början på maj 1944 åter tar sitt ministerium i besittning och det gäller också hans syn på Hitler. Det gäller inte minst hans syn på Hitler även om han ännu inte förstår det. Han vet också att det gäller Hitlers syn på honom.

– Varför har jag aldrig tidigare sett att Hitler har en så ful bred näsa, så glåmig hy, undrar den nyss till livet räddade Speer när Hitler och en gigantisk blombukett träder in i hans sjukrum på vårvintern.

Han betonar iakttagelsen starkt i sina memoarer och han återkommer ofta till den, även i samtalet med Gitta Sereny. Efter den euforiska dimma han hade befunnit sig i under sitt kritiska tillstånd kom han tillbaka till människornas värld med en begynnande strävan till självständighet och personligt ansvarstagande, säger han.

För Gitta Sereny berättar Speer något han inte nämner i någon av sina publicerade eller opublicerade texter. När han var som sjukast hade han en nära döden-upplevelse som bidrog till hans gryende känsla av oberoende. Den var av klassisk karaktär och gick ut på att hans själ hade lämnat kroppen och svävade över hans sjukläger som han kunde iaktta med sig själv som djupt medvetslös huvudperson. Sereny tror inte på hans berättelse men tolkar den så att Speer gärna ville dö den där vårvintern efter Posen, Dora och den fasansfulla hösten 1943. Influerad av senare tiders berättelse om nära döden-upplevelser har han långt i efterhand fantiserat en sådan åt sig.

Alla som skrivit memoarer eller offentligt återberättat sitt liv i andra former vet att ett fiktivt element smyger sig in i berättelsen, därför att vi i efterhand försöker förstå våra liv i sammanhang som kanske inte förelåg distinkt och konturskarpt när det begav sig. Vi konstruerar i backspegeln en intrig, som säkert inte är bara påhitt, men ändå ett tillrättaläggande i förhållande till de motstridiga motiv och omständigheter som styrde vårt handlande i det aktuella läget.

Detta gäller naturligtvis också Albert Speer och hans ihärdiga försök att förstå sig själv, sitt liv och sitt öde. Han hittar på saker, inte i medveten förvanskning, utan i sin envetna strävan att tolka: Så måste det ha varit, så var det nog, så var det... Så finner också alla historiker som efter Speers död går igenom de väldiga pappersmassor han lämnade efter sig att hans story till vissa delar förändrar sig från text till text. Det är inget konstigt eller särskilt lurt med det. Skiftningarna är i allmänhet inte väsentliga. Utom naturligtvis på de punkter där allt tyder på att han medvetet förvanskar.

Det sistnämnda gäller emellertid knappast nära dödenupplevelsen.

Redan i memoarerna beskriver han sin sinnesstämning under de kritiska veckorna som euforisk och senare tiders vittnesbörd om nära döden-erfarenheter kan ha väckt ett alldeles äkta minne till liv. I varje fall ger Speers berättelse, så som den nedskrevs i Spandau och redigerades innan han fick ett nytt offentligt liv att spela med, vid handen att Speer inte kände ångest inför dödshotet utan något som liknade lättnad. Det märkliga är också att Speer i efterhand inte visar någon som helst vrede mot doktor Gebhardt. Gebhardt var en "politisk doktor" precis som de andra läkarna runt Hitler och Speer tackar honom för den goda vård han trots allt fick sedan Gebhardt insett att avlivningen hade misslyckats!

Den var förryckt den värld de levde i dessa män, när Tredje Riket började upplösas såväl inifrån som utifrån.

Albert Speer har länge vetat att kriget är förlorat men först nu är han beredd att dra konsekvenserna av sin insikt. Han hävdar själv i olika sammanhang att han var lockad av tanken att lämna sin post och låta Himmler och Bormann ta för sig – han såg ju vilket Ragnarök som närmade sig – men att han manövrerade sig tillbaka av två skäl:

Han avskydde tanken att förlora makten, och han var nu helt klar över vad han skulle använda den till. Det måste finnas ett Tyskland efter Hitler, och han skulle rädda vad som räddas kunde av byggnader, industri och infrastruktur. Ryktenhade varit i svang om Hitlers avsikt att jämna Tyskland med marken inför fiendens framryckning – den brända jordens taktik – och även om Speers pånyttfödda seende ännu inte var så skarpt att han ville tro Hitler om ett sådant vansinne, visste han att de tyska industriledarna såg honom som en garant för att något slags förnuft skulle prägla galenskapen i nederlagets stund.

Förmodligen fanns ytterligare ett antal djupare liggande skäl till att Albert Speer valde bort den lugnare livsrytm som erbjöd sig ett kort ögonblick – under den långa konvalescensen hade han för första gången i sitt liv smakat på samvaron med familjen – och återvände till hetluften som bokstavligen blev hetare för var dag som gick.

Det är omvittnat att människor som låtit sig slukas med hull och hår av något gastkramande förlopp i vilket de erbjudits en framträdande roll har svårt att låta bli att följa med till slutet, fast de gissar att detta kan bli hur bittert som helst. Dessa människor är tillvanda till den permanent förhöjda livskänsla de upplever i dramatiken och de känner sig tomma och deprimerade om de måste avstå från att bestiga sina obestigbara berg, hur livsfarligt företaget än är.

På summa en rad i sina tusensidiga memoarer talar Albert Speer om hur "underbart" det hade varit att lära känna familjen, men inte var det braskvällar och babyjoller han drömde om när han åter kunde stå på benen.

En annan verksam faktor var naturligtvis bandet till Hitler. Ju mindre ett sådant narcissistiskt kärleksband ger av det det en gång gav desto mer besatt blir det, det vill säga tvångsmässigt och självdestruktivt.

Det är förmodligen som Gitta Sereny säger att Albert Speers hela existens råkade i kris under hösten 1943 när han började misstänka att hans avgud var ett monster och att det liv han skrapar ihop åt sig efter sjukdomen delvis baserar sig på nya premisser – en bräcklig men dock förefintlig egen integritet i relation till Hitler. Men alla Speers mått och steg under sommaren 1944 vittnar fortfarande om en påtaglig ambivalens i förhållandet till Führern.

I memoarerna vill Albert Speer övertyga läsaren om att han började omvärdera Hitler i slutet av kriget – bland annat skulle han ha dagdrömt om att mörda honom – och att den kritiska distans han började anlägga inte undgick Hitler som svarade med att helt upphöra med sin särbehandling av Speer, vilket i slutändan kunde betyda fara för hans liv.

Icke desto mindre är det en annan bild av Speer som träder fram mellan raderna. Sina begynnande insikter till trots beter han sig som den lättsårade tonårsflickan i ett platoniskt men ändå allt uppslukande kärleksförhållande.

Han dristar sig till att säga emot Hitler i sakfrågor. Men det gråter inom honom när han i gengäld finner att Hitler ser på honom med kalla ögon, avfärdar honom som en vemsom-helst eller skakar hand med honom flyktigt som han gör med alla andra.

Och så plötsligt är Albert Speer hög av lycka för Hitler har ännu en gång knutit an till honom med den gamla intimiteten, satt sig intill honom och pratat arkitekturminnen, visat honom att han fortfarande är favoriten. Ibland, när han känner sig riktigt säker, tillåter han sig att behandla Hitler aningen bryskt för att få njuta dennes ansträngningar att på nytt "förföra" honom.

I denna emotionella slänggunga befinner sig Albert Speer, 39 år, gift och far till sex barn så sent som på sommaren 1944. Hans alldeles nyktra hjärna säger honom att Hitler för ögonblicket är en större fara för Tyskland än de allierades krigsmakt och att ju förr han skaffas undan desto bättre för landet. Han tänker på att Hitler borde mördas, möjligen hör han glunkas om von Stauffenberg-konspirationen som är på gång.

Men från något annat rum i hans själs labyrinter blickar en övergiven pojke ut över tomma vidder och söker febrilt efter sin pappa eller kanske är det sin mamma han söker, i varje fall söker han efter bekräftelsen i den upphöjde mannens ögon, bekräftelsen han inte kan leva utan och som han begär tills döden skiljer dem åt och till och med därefter.

15

Den 20 juli 1944 försökte en militär konspiration under ledning av överste Claus Shenk von Stauffenberg spränga Hitler i luften i dennes högkvarter i Rastenburg. Företaget misslyckades som känt.

Gestapos jakt på de inblandade försatte hela Berlin i

skräcktillstånd. Den hårda kärnan av sammansvurna var begränsad till ett antal höga arméofficerare men rykten om andras inblandning kom snabbt i svang. Vem som helst kunde ju räkna ut att om statskuppen var seriöst menad måste det finnas en plan för en post-Hitleradministration med namn och allt och den stora frågan var: Vilka var namnen?

Albert Speers namn fanns på listan över presumtiva medlemmar i en ny regering vars allt överskuggande uppdrag skulle bli att få slut på kriget innan Tyskland var invaderat av de allierade. Rustningsminister ska han bli även i detta drömda kabinett men till hans smala lycka åtföljs namnet av ett frågetecken samt orden: Om han accepterar efter en lyckosamt genomförd kupp.

Därmed måste inte Speer misstänkas för att ha känt till konspirationen på förhand – själv hävdade han hela sitt liv att han inte gjorde det. Han har något slags tumme med de gåtfulla gudarna Albert Speer. Samtidigt som de ser till att undan för undan störta honom allt djupare ner i sitt eget och Europas fördärv låter de honom slinka undan den ena dödsdomen efter den andra.

Man behöver inte tro Albert Speer på hans ord för att ändå anta att han inte var invigd i kupplanerna. Även om generalerna gillade honom och väl visste att han var lika kritisk till Hitlers krigföring som de själva, var de väl medvetna om att han trots allt var riksminister med en särskild relation till Führern. De hade aldrig tagit risken att informera honom.

En annan sak är sedan att Speers namn på ministerlistan tyder på en underförstådd värdegemenskap mellan honom och hela den enklav av Hitlerkritiska officerare som hade utkristalliserats under lång tid, en enklav som upptogs av ett dominerande bekymmer: Hur skaffa Hitler ur vägen?

Att inte Albert Speer i sitt täta umgänge med dessa herrar skulle ha känt på sig något av vad som höll på att mogna fram, är svårt att tänka sig. Och det är inte utan att han nästan medger det. Kanske.

– Vad hade ni gjort om de sammansvurna hade invigt er, frågar Gitta Sereny mer än trettio år senare.

Albert Speer svarar prompt utan tvekan: – Jag tackar min skapare att de inte gjorde det. Jag hade blivit desperat.

– Desperat för att de ville döda Hitler, frågar Sereny.

– Nej, för att jag inte ville, replikerar Speer.

Tydligare kan knappast en moralisk-emotionell rävsax beskrivas och inte heller vår huvudpersons sällsynta förmåga att glida ur den. Albert Speer tassade i terrängen kring von Stauffenberg-planen så tätt intill att han praktiskt taget trampade rakt i. Men eftersom han omöjligt kunde låta inviga sig i den såg han också till att inte bli det.

Än en gång inblandad men aldrig invigd! Ständigt dessa slaka linor på vilka Albert Speer balanserar sig över alla kategorier av bråddjup Hitler och andra världskriget ställer honom inför. Vad består de egentligen av?

Vad svaret än blir så inte är det blåögdhet eller oskuldsfull blindhet.

Att Speer klarade livhanken i upplösningsfasen av Tredje Riket berodde både på förutseende och försiktighet och ett inte ringa mått av taktisk begåvning, det vill säga den intrigmakarkonst som tidigare berörts. Därtill kommer emellertid något mer som jag tillåter mig att koppla ihop med arkitektyrket.

Arkitekterna är de stora projektens mästare. De bygger. Nya hus, nya städer, nya vägar, nya livsformer. De uppslukas av sina byggen. För dem är verkligheten råmaterialet till ny verklighet. De är tekniker, ingenjörer, drömmare och artister i samma person. Men arkitekter bygger för det mesta åt byggherrar.

Arkitekt Speer hade en mycket symbiotisk relation till sin byggherre. När denne utsåg ett nytt uppdrag åt sin arkitekt, som därefter titulerades rustningsminister, kvarstod hos Speer det ursprungliga förhållningssättet. Han skulle fixa projektet åt sin byggherre. Han visste också hur.

När Albert Speer i sina memoarer glöder av harm över något Bormann, Göring eller Himmler (eller deras satraper) företagit sig är det inte personlig rivalitet eller rivalitet om makten som tydligast flyter upp till ytan. Han ogillar när de beträder hans revir därför att de stökar till hans organisation, punkterar hans omsorgsfullt uträknade plan.

Projektet är en inre tillflyktsort Albert Speer bär med sig under hela sin djupa inblandning i Tredje Rikets maktutövning. I projektet finns hans liv, hans passion och Hitler.

Det är inte så att han inte ser och förstår vad som händer judarna – även om Förintelsen säkert låg bortom vad han länge kunde fatta. Det är inte så att han inte såg och förstod att militärerna förr eller senare skulle försöka undanröja Hitler. Det är inte så att han inte själv kunde räkna ut hur han berördes, vad han hade för valmöjligheter, hur han skulle akta sig för att inte vara för nära när det smällde. Han såg och insåg och var i högsta grad närvarande.

Men någonstans inom sig var han uppslukad av sitt svindlande projekt och på så sätt inte riktigt där ändå. (När allt är över och amerikanerna arresterar honom på slottet Glücksburg i norra Tyskland överlämnar han utan invändningar allt material de begär, bland annat om hur tysk rustningsindustri kunde hålla stånd mot de allierades bombningar; någon annan herre ska nu beundra hans projekt.) Han gjorde sitt eget i det de andra gjorde och på så sätt blev hans inblandningar alltid otydliga.

Visst fanns det drag av äkta smitare hos den unge Speer särskilt i relation till allt som rörde Hitler och konsekvenserna av dennes diktat. ”Gör vad ni vill men blanda inte in mig”; ”Såhär går det alltså till, det struntar jag i bara jag slipper delta.”

Men den förklaringen räcker inte för att klargöra Albert Speers moraliska väsen.

För det kommer en dag, ungefär vid tiden för von Stauffenberg-attentatet, då Albert Speer träder ut ur sin dröm, projektet att vinna kriget åt den där mannen, och ser vad som håller på att hända med människorna och Tyskland. Då förvandlas han till en förhållandevis modig person.

Albert Speer är rädd – orolig för sitt liv – redan när han i maj 1944 återvänder från den långa sjukledigheten. Han är som vi vet osäker på sin status hos Hitler, men han är övertygad om att han är hårt förtalad. Hitlers sätt mot honom varierar som det brukar hos primadonnor. Samtidigt blir Speer mer och mer desperat medveten om att klicken som styr från Rastenburg har förlorat allt sinne för realiteter. Varannan dag ska kriget vinnas med något nytt mirakelvapen, varannan dag ska Tyskland brännas till sotiga ruiner i fiendens väg. Däremellan ska hela rustningsindustrin sprängas in i underjordiska bergrum, något som Speer bara avfärdar som dödfött om inte annat så med hänsyn till den tid som står till förfogande.

Efter von Stauffenberg-attentatet är Speer inte längre orolig – han är livrädd. I sina memoarer försöker han bagatellisera hela incidenten och sina egna reaktioner men långt i efterhand medger han att han tillbringade några fasansfulla dygn i Berlin där hela havet stormade.

Själva kuppen var kväst på några timmar. Tidigt på kvällen – attentatet hade ägt rum vid lunchtid – säkrade Hitlerlojala trupper arméhögkvaretet vid Bendlerstrasse från vilket hela planen hade utgått. En snabb krigsrätt gjorde slut på överste von Stauffenberg och general Oldrich som hade varit sammansvärjningens hjärnor. Arkebuseringen verkställdes av deras chef general Friedrich Fromm, som sedermera anklagades för att ha varit kupppens verklige anstiftare och som också dömdes för det och avrättades.

Gestapo använde sig generöst av tortyr och förnedring för att få fatt i namnen på alla skyldiga och hämnas på dem innan galgen eller gevärssalvorna tog deras liv. Man lät dessa ofta unga, stolta officerare figurera i rätten med så löst hopsnörda byxlinningar att de tappade sina byxor när de reste sig varefter de fick stå med rumpan bar eftersom de var fråntagna sina underkläder.

Albert Speer, som också hade varit en stolt ung man i stram uniform, visste något om den fysiska kränkningens förkrossande kraft, när han återberättar förloppet i sina memoarer. I Spandau fick han klä av sig naken inför vakterna och finna sig i en noggrann kroppsvisitation som utfördes enligt konstens alla regler.

– Kanske ägnade ni då de förnedrade koncentrationslägerfångarna i ert eget rustningssystem en inkännande tanke, säger Gitta Sereny spetsigt.

– Det kan ni ge er sjutton på att jag inte gjorde, replikerar Speer och Gitta Sereny ser att han är arg. Hos Albert Speer kämpar, som vi vet, stoltheten med skulden livet ut och han betackar sig för billig moralism.

Nej, Albert Speer tänkte mest på sig själv från den 20 juli 1944 och framåt. Och det hade han all anledning till för nu var hans överlevnadslina slakare än någonsin.

Genast efter attentatet får Goebbels Hitlers uppdrag att samla så många regeringsmedlemmar och andra centrala befattningshavare som möjligt i propagandaministerns eget residens för att därifrån återupprätta regimens auktoritet. Hemma hos Goebbels nås Albert Speer av budskapet att hans namn finns på von Stauffenbergs ministerlista. Han förklarar omedelbart för de närvarande att ingen kunde vara mer förvånad än han själv. Till att börja med hinner han inte ens bli rädd.

Tidigare har Speer blivit informerad om att hans eget ministerium är omringat av trupper. Han är utestängd från sitt ämbetsrum och sitter infångad hos Goebbels. Efter ett telefonsamtal till arméhögkvarteret dras trupperna bort.

General Oldrich ombesörjer detta med en replik som får Speer att hoppa högt: Å, ursäkta, i ert fall är belägringen ett misstag! Speer gissar omedelbart vad detta innebär. General Oldrich är inblandad i kuppen och utgår ifrån att Speer också är det. Om Goebbels hade hört detta telefonsamtal hade det kostat Albert Speer livet!

Och det är inte slut än!

Följande dag kallas ministrarna till Rastenburg. Speer blir beordrad att ta med sig sina två vicechefer, de före detta myteristerna Saur och Dorsch. Alla behandlar honom med stor misstänksamhet. Det viskas och surras. Samtal avstannar när han stiger in i rummet. Hitler bemöter honom kyligt.

Faktum är att ingen av de närvarande koryféerna vet vad de skall tro om Albert Speer. Men så länge Hitler inte bestämmer sig för vad han har för uppfattning avvaktar även hans folk. Och Hitler, sedan länge injagad i ett mano-depressionsliknande tillstånd av det annalkande nederlaget, råkar för dagen vara euforuisk över ”den Vändning i kriget” detta attentat enligt hans uppfattning innebär för honom. Han låter problemet Speer vila för ögonblicket, särskilt som hans illusioner om återvändande krigslycka förutsätter att rustningsmaskineriet rullar som det ska. Med mindre än att Speer ertappas med fingrarna i syltburken vill Hitler inte göra sig av med honom. Åtminstone inte ännu.

En skakad och pressad Albert Speer återvänder till Berlin och en provisorisk bostad sedan hans egen bombats ut den 24 juli. Plötsligt har han symptom i benet igen. Liggande mottar han Gestapos chef Ernst Kaltenbrunner som med ”en uppsyn av hotfull förbindlighet”, som Speer uttrycker saken, börjar fråga ut honom om vad han visste.

Därefter är det isande tyst kring Albert Speer och hans ministerium i en vecka eller två. Telefonerna ringer inte. Speer och hans medarbetare är övertygade om att de är avlyssnade.

Albert Speer fruktade för sitt liv. Men det var inte döden han fruktade mest, det var fysisk smärta, fysiskt lidande. Gestapos metoder var ingen hemlighet.

Albert Speer hade aldrig varit någon fysiskt modig man. Det var inte heller Hitler. Kanske var det därför de var förtjusta i uniformer. Uniformer förvandlar kött och blod till enheter. Speer var bra på enheter men han var i ingen bemärkelse bra på människor. Vad människor lidit som offer för de förryckta syner Hitler dvaldes i, syner som Speer själv omsatte i praktiken med sina oförtrutet stigande produktionssiffror, angick honom inte förrän kanske många, många år senare när svarta stunder i Spandau berövar honom självkänslan in på bara benmärgen. I varje fall tillhörde de inte den värld i vilken den fortfarande unge rustningsministern skräckslaget försökte föreställa sig hur skoningslös smärta smakar.

Småningom lättar den på en gång diffusa och ytterst påtagliga blockaden av Albert Speers ämbetsutövning. Misstänksamheten mot Speer kvarstår men Hitler vill inte tro det han befarar. Och rustningarna måste rulla. Möjligen var Albert Speer inte oersättlig men även kamarillan runt den allt virrigare Führern förstod att avlägsnandet av Speer skulle innebära tempoförlust i krigsproduktionen. Speer tillåts träda i full funktion.

Albert Speer hade varit sympatiskt inställd till överste von Stauffenberg som person och officer, det visste alla. Men Speer hade också samarbetat nära med general Friedrich Fromm.

Albert Speer vittande till förmån för Friedrich Fromm i den krigsrättegång som tog sin början på senhösten 1944, den rättegång som slutade med dödsdom. Det var, som Gitta Sereny påpekar, en modig handling. Det behöver inte närmare förklaras.

Samtidigt har Speer dock gjort allt som stått i hans makt

för att övertyga Hitler om sin obrutna lojalitet. I memoarerna är detta en ganska obehaglig passage. Textredigeraren Albert Speer, i aktion vid 1960-talets slut, några och sextio år gammal, märker inte inslaget av hyckleri i kvadrat som smyger sig in mellan raderna när han redovisar ur backspegelperspektiv. Han häcklar dem han gjorde sitt yttersta för att en sista gång smöra in sig hos samtidigt som han uttrycker respekt för dem han likaledes gjorde sitt yttersta för att distansera sig ifrån. Och över alltihopa lyser en kompakt oklarhet om var han själv egentligen stod och någonsin hade stått.

På kvällen samma dag kuppen hade ägt rum åker Albert Speer i sin vita Mercedes från Goebbels residens till Bendlerstrasse där upproret redan är kväst. Hans syfte är att träffa general Fromm och hindra denne från att hålla omedelbar ståndsrätt med Oldrich och von Stauffenberg. Enligt Speer skulle en sådan handling djupt misstänkliggöra Fromm själv. Det skulle tolkas som ett snabbt undanskaffande av de centrala vittnena mot generalen personligen, vilket också kom att ske. Speer kom för sent.

Problemet med Albert Speers berättelse är emellertid att den visar sig ändrad och tillrättalagd många gånger om, början med uppgiften när och var han fick veta att han stod på von Stauffenbergs ministerlista. I memoarerna låter han förstå att det framgår först flera dagar efter kuppen. I verkligheten var det, som vi har sett, inte så. Speers ställning var mycket skummare än han i sina publicerade memoarer vill framställa saken.

Men Albert Speer vore ju inte den han är om han inte hade sparat alla de andra versionerna av händelseförloppet som han också har skrivit!

Nej, än en gång, Albert Speer var säkert inte invigd i von Stauffenberg-planen. Men han anade en hel del. Han anade inte ”rakt ut i tomma intet” utan på grundval av vad han hörde och såg. Han var kanske till och med medveten om att han kunde finnas på eventuella kuppmakares ministerlista för post-Hitleradministrationen. Man kan anta att tanken tilltalade honom.

När det sedan smällde blev Speer givetvis dödsförskräckt eftersom han – just på grund av att han inte var invigd – inte visste hur inblandad han var.

När Albert Speer åker till Bendlerstrasse är det kanske som han säger, för att hindra Fromm från att gå för resolut till väga. Det är mycket möjligt. Men minst lika starkt drevs han säkert av motivet att kolla sitt eget läge.

Med risk för sitt eget liv försöker Albert Speer ett halvår senare rädda general Friedrich Fromm. Kanske för att de delade samma djupt skuldmedvetna oskuld? Fromm förnekade liksom Speer all kännedom om von Stauffenbergs kupplaner. Men han blev inte trodd.

16

Någon vändning i krigslyckan blev det ju inte för Hitler fast han intalade både sig själv och andra det. I sitt febriga sinnestillstånd såg Hitler von Stauffenberg-kuppen som en bekräftelse på det han länge hade misstänkt, nämligen att stora delar av officerskåren hade förrått honom och att detta var anledningen till hans militära motgångar.

De yrkeskunniga militärerna var, som vi vet, kritiska mot Hitlers allt vettlösare tvåfrontskrig och de modigaste vågade också tala om det för honom. Nu skulle dessa fega olyckskorpar bytas ut mot lojalt och oförväget folk och vips skulle Tyskland åter vara på offensiven.

I själva verket pågick ju redan rena rama upprullningen av

ockupationsmakten Tyskland. Amerikanerna hade landstigit i Normandie i början på juni 1944, i söder hade allierade styrkor fått fotfäste i Italien, där Mussolini hade störtats redan 1943, i öster var tyskarna stadda i snabb reträtt från Vitryssland och Ukraina.

I Obersalzberg och i Rastenburg drömmer Hitler dock sina heta drömmar om att slå tillbaka mot England och Frankrike för att sedan tvinga dem att göra gemensam sak med honom mot Sovjetunionen. Runt sig samlar han fortfarande det gamla hovet på Berghof men ju högre upp i varv han talar sig denna sensommar och höst 1944, desto tydligare står det för de nyktraste av dem, som till exempel för Albert Speer, att katastrofen närmar sig med stormsteg.

Och katastrofen är inte i första hand nederlaget i kriget. Katastrofen är Hitler. Hitler är inte bara fast besluten att störta det tyska folk som vägrade vinna kriget åt honom i än djupare olycka. Hitler är också hindret att uppnå någon som helst fredsuppgörelse med de allierade. Dessa godtar ingenting annat än ett totalt tillintetgjort Tyskland så länge ett spår av Hitler finns någonstans i den tyska statsledningen.

Albert Speer är en rastlös man denna höst och förvinter 1944. Han inspekterar frontavsnitt, produktionsanläggningar, reparationsarbeten, livsmedelsdistribution och gud vet vad. Han säger själv i memoarerna att det var tvivelaktigt om hans resor och hans sinistra rapporter om begynnande sammanbrott litet varstans gjorde någon som helst nytta. Men det spelade ingen roll. Speer reste för att han inte kunde sitta still.

När den åttonde amerikanska armédivisionen bryter igenom det tyska befästningsverket vid Cherbourg och det tyska försvaret sargat drar sig tillbaka utgår de första konkreta kommandona om att ”jorden måtte brännas”. Albert Speer som är ansvarig för kommunikationer och installationer även i de ockuperade områdena accepterar taktiken.

Till en viss gräns fanns strategiska motiv för detta, förklarar han i memoarerna. Man skulle, som brukligt hade varit bland arméer på defensiven, försvåra fiendens framryckning. (Han borde ha sett finska Lappland, där hans trupper drog sig tillbaka först efter vapenstilleståndet med Sovjetunionen, först när deras forna vapenbröder drev bort dem från områdena där inget krigsmål mer fanns att uppnå. De tyska soldaterna skövlade som berusade bärsärkar.)

Fram på hösten, efter von Stauffenberg-kuppen och det korta rus av eufori den bjöd Hitler på, börjar kommandot emellertid spridas över det civila Tyskland. Albert Speer vet dessutom att ordergivningen från Berlin börjar bli kaotisk. Han har ingen riktig kläm på sin egen auktoritet längre sedan Goebbels har gjorts ansvarig för mobiliseringen av allt vad som ännu återstod av folk och resurser. (Bottenskrapet av fjorton–femtonåringar vi kan bevittna på de klassiska bilderna från mars–april 1945 där en darrande Hitler klappar uniformsklädda småpojkar på kinderna. Barnaansiktena syns knappt under de alltför stora hjälmarna.) Goebbels uppfattar sig från och med nu som överordnad Speer.

Det är också därför Albert Speer reser. Han försäkrar sig om en egen ordergång, ett personligt nätverk av lojala män som lyder honom och inte Goebbels eller Bormann. Än så länge, vid årsskiftet 1944-45, tvistar herrarna om huruvida folk från rustningsfabrikerna ska skickas till slakt vid de vikande fronterna, något som Speer benhårt motsätter sig. Snart ska de kämpa om vad som ska ske med resterna av Tyskland.

Det är under dessa månader i början av 1945 som Albert Speer, strax fyrtio år, äntligen förefaller att bli en vuxen man i förhållande till Hitler. Det är under dessa månader han sannolikt räddar sitt liv i den krigsansvarighetsrättegång som så småningom ska komma. För nu går han öppet emot Hitler, först med lämpor och sedan med kontraorder.

I huvudsak gäller det "den brända jorden". Men det gäller också kemisk krigföring. Med den makt över distributionen av råvaror Albert Speer fortfarande besitter lyckas han få stopp på all produktion av stridsgaser. Hitler laborerar med tanken att stoppa ryssarna med gas men det blir inget av.

När Hitlers Ardenneroffensiv misslyckats i januari–februari 1945 och de allierade kommit hundrafalt igen börjar Hitler målmedvetet att beordra förstörelse av Tyskland. Han använder sig av partikanalerna – sina Gauleiters.

Nu skrider Albert Speer öppet till verket med kontraorder. Hjälper inte annat är han själv på plats för att se till att förberedelserna för sprängning och demolering av byggnader, broar och andra anläggningar avbryts. Han klarar det inte alltid och överallt men ofta nog. Hans personliga närvaro samt det förnuftsvidriga i Hitlers order gör folk ganska samarbetsvilliga.

Men gud så han reser! Han kör ofta själv på glashala vägar och tvingas stanna var och varannan kilometer för att ta skydd för flyganfall. Småningom är han utmattad bortom alla känslor och reaktioner.

På väg tillbaka till Berlin från en av dessa resor krockar han tillsammans med sin förbindelseofficer Manfred von Poser med en tank som plötsligt blockerar vägen i en kurva.

Albert Speer får bilens ratt med styrstång i bröstet och sitter kippande efter andan på trappan till ett övergivet värdshus när Manfred von Poser torrt konstaterar att "Ni ser ut som en rustningsminister som just har förlorat ett krig".

Albert Speer skrattar tio år senare när han tecknar ned minnet i Spandau. Självironi tillhör hans favoritknep i konsten att desarmera kritiska läsare.

Vid den här tidpunkten är det som Albert Speer på allvar börjar leka med tanken på att mörda Hitler. Det ska ske med gas som ska ledas in i bunkern under Rikskansliet – hans eget praktbygge från de grandiosa drömmarnas dagar – men ventilationssystemet är så anbragt att detta inte visar sig praktiskt genomförbart. Förmodligen är det han själv som har initierat konstruktionen.

Redan i Spandau antecknar han insiktsfullt att det var lika bra – han hade ändå aldrig förmått. Dan van der Vat och många andra av Speers vedersakare, som gör stort sarkastiskt nummer av de föga trovärdiga mordplanerna – enligt dem kronan på Speers lögnaktiga verk – har inte någon större poäng. Speer tar inte själv fantasierna på allvar, låt vara att han använde sig av dem i Nürnberg eftersom han råkade ha vittnen på sina försök att rekvirera gas.

På senhösten 1944 började det sammanstörtande Tysklands söndertrasade naziledning att röja undan de sista spåren efter förintelseprogrammet. Vissa av dödslägren i det ockuperade Östeuropa hade tagits ur bruk redan 1943, andra hölls igång tills det annalkande nederlaget krävde snabba åtgärder. Riktigt på bar gärning ville man inte bli tagen. Även koncentrationslägren hade man för avsikt att upplösa men det var lättare sagt än gjort: Var skulle man göra av invånarna, svältande och halvdöda i hundratusental?

När Albert Speer reste runt i de rykande ruinerna av sitt Tyskland för att rädda hus och broar stötte han på en del av dessa levande lik, som hade bidragit till de mirakulösa produktionssiffrorna i hans vapenfabriker. De hade lämnats vind för våg bland annat i de underjordiska anläggningar han själv hade inspekterat ett år tidigare, veckorna innan han kollapsade.

Albert Speer reagerade med avsky men inte med någon större medkänsla på de makabra synerna, berättar ett samtida vittne som Gitta Sereny letar rätt på fyrtio år senare. Han kom, han såg, han betraktade problemet med att ta hand om dessa människor som Himmlers, varefter han åkte sin väg till nästa bro eller industri som skulle bevaras.

Men Manfred von Poser minns en sen kväll i Berlin på vårvintern 1945 när Albert Speer återvänder från en av dessa desperata resor. För en gångs skull är den välvårdade, strame rustningsministern på det hela taget en smutsig och orakad hög i en stol, en hög som kvidande yttrar följande anmärkningsvärda ord:

– Hitler är en brottsling.

Sannolikt är det den hotade infrastrukturens öde som leder Speer till denna oerhörda slutsats men kanske ska vi inte helt frånkänna honom "mänskliga" motiv till denna reaktion.

Likväl, Albert Speer vore inte den han är om han inte precis vid samma tid företog sig något förbryllande som åtminstone till synes motsäger den slutsats om Hitler han stönade fram den där kvällen då han hade tappat modet totalt.

Den 19 mars 1945 fyller Albert Speer fyrtio år. Han ber Hitler om en present. Han vill ha dennes porträtt med dedikation i en särskild ram i ett särskilt rött etui som brukar skänkas dem Führern särskilt vill hedra. Hitler skriver rörd sitt namn på det vackert retuscherade fotografiet. Hans högra hand darrar illa och han ber om ursäkt för autografens kvalitet när han räcker Speer presenten.

Det är svårt att veta vad man ska tro om denna märkliga ritual i Tredje Rikets sista darrande minut då Europas katastrof sedan länge är fullt utvecklad och Albert Speer är medveten om det.

Det möjliga, till och med sannolika, är att Speer rätt och slätt är beräknande. Han vet att Hitler anar – och småningom kommer att veta – att rustningsministern systematiskt saboterar hans order och därför bestämmer sig Speer för en fint: Han vädjar till gamla tillgivenhetsreflexer hos Hitler.

Emellertid är det inte säkert att detta enbart är bluff. Som så många emotionellt invalidiserade människor med bristfällig förmåga att knyta an till andra människor i ömsesidig gemenskap, förefaller Albert Speer att ha besuttit en avsevärd romantisk känslosamhet, en disposition för självförsjunken, drömd och estetisk sinnesrörelse. I en sådan känslovärld är symboler och riter betydelsefulla och Albert Speer kunde säkert röras till tårar av den gest han bad om fast han stod upp till halsen i Hitlers efterlämnade död. I det totala nederlagets stund hade han behov av att uppleva storslagen tragedi och fick det.

Bara några veckor efter denna lätt sliskiga episod får Albert Speer en bister kallelese till Bunkern där Führern har ett antal frågor att ställa. Det gäller hans verksamhet ute i distrikten. Tillförlitliga rapporter från partifunktionärerna gör gällande att Albert Speer, just Albert Speer av alla trofasta och lojala söner, lägger käppar i hjulet för Führerns order om förstörelse av det Tyskland tyskarna inte har gjort sig förtjänta av att få behålla.

Albert Speer inlåter sig i diskussion. Han försöker en sista gång lura Hitler att tro att kriget om moderlandet Tyskland inte är förlorat och att det därför är oförlåtligt att förstöra det land som ännu kan vinnas.

Hitler är upprörd och okoordinerad, utgjuter sig våldsamt om än det ena än det andra. Men han glömmer inte sin poäng, frågan om Speers lojalitet. Vad har han gjort och var står han någonstans? Konstigt nog får Speer några dygn på sig att besvara Hitlers frågor.

Än en gång är det som om Hitler inte kan förmå sig. Förmå sig att göra processen kort med Albert Speer, så kort som han brukar göra den med folk som faller ifrån. Han är naturligtvis helt klar över vad Speer har hållit på med. I sak kanske han inte anser att det spelar någon roll. Om Albert Speer svarar som han ska på Führerns närmast symboliska bön om trohet så får udda vara jämnt.

Albert Speer begriper en hel del av detta. Han är skrämd,

han är bekymrad, han vet att han inte kan veta vad som komma skall. Men han anar också att Führern prövar hans sinnelag mer än hans gärningar och om sitt sinnelag kan han alltid ljuga. Men han måste ljuga rätt för att testet ska fungera på den oberäkneliga Hitler.

Den är som vanligt tvetydig, bilden vi ser framför oss av Albert Speer, bara fyrtio år gammal, ensam vandrande från sitt ministerium till Bunkern för att svara på Hitlers frågor, grubblande på lösenordet som än en gång ska skona hans liv.

– Låt oss få det överstökat, jag går nu, har han sagt till sina medarbetare på ministeriet. Anne-Marie Kempf, som vigt stora delar av sitt liv åt Speer, är fylld av onda aningar om att hon aldrig ska återse honom.

Något slags oblitt öde är han färdig att möta. På något plan i sitt medvetande ser han en konsekvens, en tragisk fullbordan av det lopp han valde att löpa när han gav bort sin fria vilja, i att även han till sist skulle dö för Hitlers hand. På ett annat plan vill han leva och har inte minsta tanke på att utmana Hitler genom uppriktighet. Symboliska uppvisningar i civilkurage bara för den goda sakens skull är ingen lyx Albert Speer tänker kosta på sig.

Under det liv som mirakulöst nog ligger framför honom visar han sig utveckla ett mästerskap i sliriga formuleringar och här på vägen till rikskansliet hittar han på en utsökt liten variant.

När han står framför Hilter yttrar han följande kryptiska mening: ”Jag står villkorslöst bakom er.”

Att det är en lögn är uppenbart men ingen av herrarna vet riktigt vad den går ut på. Det är som skönheten i vad denna lojalitetsförklaring kunde stå för griper dem båda så det saknar betydelse att den inte är sann.

Hitler kvitterar med ett ”Gut” och låter Speer gå.

17

Nu närmar vi oss slutet, upplösningen av Tredje Riket och av det svårtydbara själsliga kontraktet mellan Hitler och hans Speer.

Ryssarna står i Berlins förstäder, Hitler är sedan veckor tillbaka förskansad i Bunkern med en avsevärd stab av medarbetare, med Eva Braun, som lojalt medverkar i en sista melodram som Führern har i beredskap inför Finalen – på tröskeln till det gemensamma självmordet låter Hitler viga sig vid Eva Braun.

Med i Bunkern är till och med den dräktiga schäfern Blondi. När det slutligen är dags att spränga hela fästet i luften med alla invånare som inte hörsammat Hitlers order om att lämna stället, får Blondi och hennes sex välskapta valpar gift. Liksom Joseph och Magda Goebbels sex barn som finklädda fick följa sina besatta föräldrar i döden.

Men vi är inte riktigt där än. Ännu en sista gång ska de mötas, Albert Speer och Hitler. När Berlin rullas upp gata för gata och granater och kulsprutor pepprar hål i det som inte är ruiner efter bombningarna, står han plötsligt där inför sin Führer, arkitekten och generalplaneraren, som hade fått tid till 1960 att bygga världshuvudstaden Germania.

Han vill egentligen bara säga farväl. Och inget annat blir heller sagt.

Inte ens det blir egentligen sagt.

Albert Speer vore inte den han var, undanglidande och svårfångad men ändå omöjlig att passera, om han inte i sin omfattande dokumentation av sitt liv hade lyckats skapa en fascinerande trippelexponering av vad som faktiskt hände vid detta sista möte med Hitler.

Ännu en gång kan vi konstatera att han inte berättar sanningsenligt i memoarerna. Gitta Sereny finner att han i själva verket har ljugit konsekvent ända sedan han redigerade sina ofantliga texthögar efter frigivningen från Spandau, och han ljuger ytterligare en gång när han återberättar detta laddade ögonblick med Hitler i sitt samtal med Sereny 1977. Dessa lögner har lett till att historieskrivningen om Hitlers sista dagar har fått inslag av ren myt.

Emellertid är ordet lögn kanske inte ett helt adekvat uttryck för vad Albert Speer företar sig. Jan Myrdal skulle säga att han vrider upp sanningen i fiktion. Han diktar.

I memoarerna får Albert Speer till en ganska tårdrypande slutscen mellan sig själv och Hitler. Han berättar att de för ett långt personligt samtal. Hitler redgör för detaljerna i sitt planerade självmord och plötsligt i dessa sanningens och bokslutets snabbt förbiilande ögonblick upptäcker Speer att han står och bekänner. Bekänner rakryggat vad han haft för sig de sista månaderna av kriget. Han ser tårar i Hitlers ögon. Fadern rörs över sonens ärlighet även om själva obstruktionen var klandervärd i sin olydnad.

Speer brer på med att han erbjuder sig att stanna hos Hitler i Berlin eller att återvända ännu en gång – sin fru och sina sex barn har han dumpat i Flensburg nära danska gränsen och dem skänker han på sin höjd bekymrade välgångsönskningar – men Hitler avböjer. De skakar hand och Speer lämnar Bunkern.

Så här gick det alltså inte till. Men det intressanta är att det inte är Speer själv som har hittat på historien. Det är en fransk journalist vid namn Georges Blond som har kokat ihop det väsentliga så tidigt som 1952 och han har utgått ifrån vederhäftiga källor, bland andra Hugh Trevor-Ropers "The last days of Hitler" och från de tilltalades vittnesmål i Nürnberg.

Som så många gånger förr är det Albert Speers efterlämnade originaldokument som vederlägger hans redigerade publikationer. I textsamlingen som går under namnet

”Spandau-utkastet” och som ju i huvudsak består av allt det han under fängelseåren skrev hipp som happ till Rudolf Wolters, finns en lång spontant nedtecknad kommentar till Georges Blonds artikel, ”Den vidlyftige herr Speer”, publicerad i den franska veckotidningen ”Carrefour”, som naturligtvis omgående smugglades in till Speer i cellen.

1952, sju år efter anhållandet med fjorton fängelseår kvar att avtjäna, befinner sig Albert Speer i en intensiv, oavvänt kritisk och bitter fas av sin självrannsakan – sin strävan att bli en annan människa – och han skriver fränt om Hitler. Han tillstår att han fortfarande inte kan redovisa motiven till sin sista vådliga Berlinresa genom praktiskt taget fiendeinvaderat luftrum, men att det absolut inte var för att ta något rörande avsked av Hitler.

– Vi pratade inte ett ord om vår personliga relation, noterar Speer. Självklart förekom inga bekännelser, varför skulle det ha gjort det? Vi hade ju talat om saken en månad tidigare.

– Nej, vår affinititet till varandra var helt borta, berättar Speer för Wolters. Visst, han pratade om sitt självmord. Och när han gjorde det hade jag en känsla av att tala med någon redan död. Och sanningen är den att ingenting han sade väckte några som helst känslor hos mig. Det var det tragiska slutet på alltihop, säger Speer på papperslappen från 1952.

Detta är säkert den nakna sanningen om själva förloppet i Bunkern, vad som sades och inte sades, under de två personliga träffar Speer hade med Hitler under det dygn han var tillstädes. Memoarversionen är en story som tilltalar Albert Speer när han nästan tjugo år senare redigerar sina texter. Hans förflutna börjar fiktionaliseras i hans minne därför att det faktiskt är lika overkligt som den verklighet han gästar i det slutande sextiotalets Tyska Förbundsrepublik.

Och för att nu röra till allting förefaller det, märkligt nog, som om memoarernas inlånade snyftstory trots allt äger sin sanning, en sanning som den stränge, självföraktande Albert Speer av årgång 1952 inte orkar med.

Mötet i Bunkern var nämligen outhärdligt känsloladdat. Men känslorna tog omvägar runt Hitler över Eva Braun som blev katalysator för den sorg och det behov av avsked som fanns hos både Hitler och Speer fast de nu var fångar i sin ambivalens till varandra, i sin vrede och sitt missmod.

Eva Braun och Albert Speer har under hela sin bekantskap hyst ett slags klockarkärlek till varandra. Speer tog sig an Eva Braun när Hitler fick för sig att nonchalera henne och han blev förtjust i "denna enkla flicka från München" som ägde både ovanlig resning och stil, som Speer uttrycker saken med sin typiska överklassaccent i ordvalet. Han fortsätter att tala beundrande om henne så länge han lever.

För Eva Braun var det säkert inte svårt att bli smått betagen i Speer. Det blev kvinnor som denne ägnade ett betydligt mer förstrött intresse än han ägnade Eva Braun och en snygg och belevad man i Brauns egen ålder var förstås attraherande, även om hon hade fått Führern på kroken.

Det är Eva Braun som möter Speer när han kommer hastande ned i Bunkern den 27 april 1945 för att först närvara vid den snabba situationsgenomgång Hitlers stab fortfarande företar varje dag, och sedan träffa Führern.

Hon jublar när hon ser honom och det är för Hitlers skull: Å, jag visste att Ni skulle komma, jag försäkrade honom att Ni skulle göra det utbrister hon. Scenen bevittnas av många, bland andra den yngsta av de närvarande sekreterarna Traudl Junge och växeltelefonisten Rochus Mitsch. Speer är klart rörd. Eva Brauns utrop innehåller ju det Albert Speer alltid velat höra: Han är speciell för Hitler! Och hur mycket än Berlin låg i ruiner, hela världen låg i ruiner på Hitlers försorg, så ville han fortfarande höra det!

Efter detta träffas detta besynnerliga kärlekspar, Hitler–Speer, en näst sista gång. Av allt att döma mal Hitler på om sitt självmord och Speer står bara matt och litet led och hör på. Han råder Hitler att inte fly söderut, att låta det ske i Berlin. Den darrande, knarrande gamle mannen, får Albert Speer själv att känna sig likstel.

Det ena hindrar inte det andra. Jublet över att det, som en gång var, faktiskt var på riktigt, det han fick bekräftat av Eva Brauns utrop, är en lika stark och påtaglig upplevelse som stumheten i kropp och själ när han betraktar vraket som bär en fjärran likhet med den karismatiske Hitler som fortsätter sin närvaro i hans inre rum.

De skiljs åt, Hitler går till sitt, Speer sammanträffar med andra i Bunkern. Slutligen söker han sig på nytt till Eva Braun, som tar emot honom i sitt privata rum.

Det är ett möte som får Speer att dra djupt efter andan ännu trettio år senare. Hon uppträder samlat och värdigt. Hon bekräftar än en gång sin och Hitlers stora tillgivenhet för honom. Hon sänder sina hälsningar till Frau Speer och uppmanar herr Speer att sätta sig i säkerhet.

Hitler har gått för att vila sig några timmar. När han vaknar i gryningen går Albert Speer in till honom för att säga adjö.

Det blir bara det. Inget tack, inte en personlig suck en gång. Bara det korta ”Gut, Ni åker ...”. Och vad han än tid efter annan må inbilla sig om att detta inte rörde honom i ryggen, kan Gitta Sereny se att det hugger i honom ännu när han är en gammal och i många avseenden mycket klok man.

Såhär gissar jag att dubbel- och trippelexponeringens psykologi fungerar. Olika element i den mångfasetterade minnesbilden framträder med olika styrka allt eftersom åren går. Det gäller faktiskt allas vårt sätt att minnas men i Speers fall blir utfallet extra svajigt därför att hans känslor och värderingar i anslutning till minnena är extremt ambivalenta.

Den gamle Speer vill på ett plan makulera sitt unga liv. På ett annat plan är han ändå, som vi har sett, litet stolt över sig själv.

Albert Speer, 47 år, och fånge i Spandau har Nürnbergrättegångens bilddokument från människoslakt och massgravar mycket levande på näthinnan liksom minnena av den obstinate Hitler som bara ville förstöra och förstöra och förstöra ... Allt detta lägger sig över de delar av hans minnesstoff där passionen för Hitler finns förborgad. Han är sträng och klarsynt, fördömande mot både sig själv och sin herre.

Men så har tjugo år gått. Och tjugofem och mer ... Andra känslostämningar gör sig gällande när han minns. Och så lånar han en historia som andra har berättat och som kunde vara sann och som framför allt svarar mot den tidigare nämnda dragningen till sentimentalitet som kännetecknar Speers karga känsloliv. Den historien växer han småningom in i som vore den sann.

Hade han påmint sig att den tårdrypande versionen av avskedet från Hitler var fabricerad hade han knappast gittat dra den för Sereny. Han hade bara behövt ta till det avväpnande, självironiska skrattet och säga att jag tog i litet ... nu får Ni en historisk nyhet om Ni vill ha den ... jag ägnade mig inte åt några bekännelser inför den halvfnoskige Hitler, i motsats till honom var jag inte tokig.

Hela detta resonemang om minnesbilders fiktionalisering och den ständiga revisionen av deras emotionella innehåll gäller oss människor i allmänhet och berättelsen om Albert Speer i synnerhet.

18

Albert Speer, överlevaren, undgår att bli nedskjuten av av de allierade på returflygningen från Berlin till Hamburg fast luften är tjock av fiendeplan. Han återförenas med sin stab och Anne-Marie Kempf kan konstatera att hon för första gången under deras decennielånga täta samarbete finner sin chef absolut modlös.

– Deprimerad är inte ordet, säger fru Kempf till Gitta Sereny. Han var helt apatisk.

Speer inväntar Hitlers självmord. När det väl är gjort sticker han igen. Medarbetarna blir kvar med munnarna fulla av frågor. Fru Kempf är arg på honom ännu ett helt liv senare. Han kunde väl ha viskat en enda stavelse om vad som komma skulle.

Men Albert Speer har aldrig varit den omtänksamma typen och är det förstås mindre nu än någonsin. Han tar sig till Flensburg och ansluter sig till resterna av den regering han hade ingått i och som nu leds av amiral Karl Dönitz.

Inför britter och amerikaner kapitulerar Tyskland och Dönitz regering interneras.

På en klassisk filmstump kan man se dem bredvid varandra general Alfred Jodl, den siste överbefälhavaren för Tysklands armé, Karl Dönitz och Albert Speer precis efter arresteringen den 23 maj 1945. Av allt att döma är de iförda handbojor. Speer står en liten bit bort från militärerna och bär inte uniform vilket han oftast gjorde under sin ämbetsutövning. Speers ansikte är hårt slutet, spänt av något som liknar vrede men som kanske är smärta eller enbart stark koncentration.

Om Albert Speers väsen, hans moraliska status, hans karaktärs grunddrag fram till nu har framstått som märkligt dubbelbottnade eller dubbelexponerade – man har om man så har velat lika gärna kunnat tro honom om gott som om ont – djupnar tvetydigheterna i nederlagets stund till rena thrillern. I varje detalj kan Speers ord och handlingar ges två innebörder.

Alternativ ett: När Hitler inte längre finns, alla slag är förlorade och intet mer finns att göra stiger insikt och skuld som en tidvattenvåg inom den allt ångerfullare Speer, som ändå en gång hade varit en anständig man.

Alternativ två: Inför britternas och amerikanernas målmedvetna frågor fattar Speer att han vid en eventuell process kommer att ligga illa till. Alltså gäller det att tänka ut en strategi. Det slutna ansiktet döljer i så fall ingenting annat än minutiös beräkning.

Mellan kapitulationen och arresteringen av Dönitz regering förflyter ett par veckor som Speer tillbringar på slottet Glücksburg under skäligen slapp bevakning. Folk från hans gamla stab finns på plats inklusive sekreterarna.

Albert Speer gör inga som helst ansatser att komma undan utan ställer sig tvärtom villigt till amerikanernas och britternas förfogande för att berätta om sina ansträngningar att skydda rustningsproduktionen för attackerna från luften och hålla produktionen igång.

Till de första som träffar Speer hör den berömde Harvardprofessorn och Kennedyrådgivaren John Kenneth Galbraith som redan har sett bilder från slavarbetslägren och känner djup aversion mot den kapitulerade rustningsministern. Fast han måste medge att det var något i dennes fysiska uppenbarelse som gjorde intryck och det var inte tu tal om att mannen hade en fenomenal ordning i huvudet.

Innan Galbraith hinner fram har Speer talat med två andra män som senare skulle få framträdande platser i amerikansk efterkrigsadministration, nämligen George Ball, som bland mycket annat blev vice utrikesminister och FN-ambassadör, och Paul Nitze som var USA:s chefsförhandlare vid många nedrustningskonferenser.

De här herrarna är inte fullt så avoga mot Speer som Galbraith.

– Ja, jag tyckte om honom, sade George Ball, för jag gillar kompetent folk. Att fråga sig om han var en moralisk man eller hygglig karl var inte aktuellt. Vi behövde information – inte minst på grund av att kriget mot Japan fortfarande pågick – och han var den i Tyskland som besatt den information vi ville ha.

Vid den här tidpunkten låg atombomberna över Hiroshima och Nagasaki bara några månader fram i tiden. Frågorna om död, lidande, ansvar, skuld och moral var vanskliga att ställa i ett internationellt klimat grovt brutaliserat av sex års världskrig. De kom att väckas till liv inför Nürnbergrättegången vars problem var att åklagarna och domarna inte var särskilt oskyldiga – de hade bara vunnit.

Men Albert Speer hade börjat grubbla över ansvar och skuld. Eller hade han?

Ja, menar Paul Nitze, som med några unga medarbetare och en flaska whisky samtalar en hel natt med Albert Speer. Det fanns hetta och uppriktighet i Speers iver att försöka förstå vad han hade varit med om, att försöka förklara vad det ville säga att verka i ett system som Hitlers.

Nej, säger John Kenneth Galbraith. Han var blott och bart beräknande. Hans undanmanövrer när vi började närma oss brännbara ting, judarna, koncentrationslägren, slavarbetarna, med mera var bitvis geniala. Han var en mycket begåvad man.

Albert Speer påstår som vi vet livet ut att det var först i Nürnberg han fick reda på judarnas slutliga öde. Men långt före Nürnberg, vid den första utfrågningen, förstod han redan vilka frågor han skulle akta sig för. Om man får tro

Galbraith, vilket man nog bör göra.

Nej, det är klart att Albert Speer visste eller anade på det sätt Gitta Sereny hävdade: Det man anar vet man oftast.

Man kan tro vad man vill om Speer, sanningen, uppriktigheten och beräkningen. Går man emellertid till "Dagbok från Spandau", utkasten till Speers publicerade texter, snabbhågkomsterna han skrev i häktet i Nürnberg, träder en bild fram som är rätt kongruent med alla tidigare bilder och som visar att Albert Speer är på väg att hinnas upp av både insikt och samvetskval utan gräns. Och samtidigt, på ett annat plan i sitt inre, anser han sig ha rätt att kämpa för sitt liv. Han har gjort vad han måste göra. Krig är ingen söndagsskola.

Albert Speer samarbetar mödolöst med de allierade som strax ska slå honom i handbojor och fängsla honom för 21 år framåt. Han gillar dessa sakliga, vetgiriga och bildade män som ställer intelligenta frågor. Albert Speer vill göra klart för alla som läser eller hör på att dessa människor var hans sort, inte halvdårarna han hade att tampas med i Hitlers regering.

Efter samtalen blir han sittande tyst och stilla för sig själv i timmar. När Anne-Marie Kempf på kvällen kommer för att räcka honom utskrifterna från dagens övningar, kan hon finna honom i stolen i exakt samma ställning som hon hade lämnat honom på eftermiddagen, intensivt fixerande en punkt framför sig.

Alla Albert Speers medarbetare som ännu var i livet på 1980-talet vittnade om att han blev mer eller mindre chockad när han förstod omfattningen av det åtal som slutligen väcktes mot honom: Han blev en av de huvudåtalade vid krigsansvarighetsprocessen i Nürnberg. Det smidiga samarbetet och den intellektuella kontakten med de brittiska och amerikanska förhörsledarna renderade honom inte några fördelar – måhända till hans överraskning, han var ju van vid att förföra. Han ställdes till svars för alla Tredje Rikets brott i de fyra åtalspunkter som åklagarna i Nürnberg efter stort besvär lyckades formulera: brott mot freden, konspiration i syfte att starta anfallskrig, brott mot mänskligheten och brott mot krigets lagar.

När Speer i samband med kapitulationen blev klar över att någon form av ansvarighetsprocess skulle komma att äga rum föreställde han sig att anklagelserna mot honom själv skulle gälla den onödiga förlängningen av kriget.

Om inte förr så under de sista arton månaderna av kriget visste Albert Speer mycket väl att striderna fortsatte helt i onödan. Tyskland kunde inte längre vinna men något av landet hade kunnat räddas – och därtill hundratusentals människoliv – ifall förhandlingar om fred hade inletts. Det visste också överste von Stauffenberg och andra vettiga människor som till att börja med försökte skaffa undan Hitler.

Varför fortsatte Albert Speer utan att slå av på takten, mot allt förnuft, sina intensiva rustningsansträngningar?

Är det det han grubblar över där han sitter som en sfinx i sin stol? Eller är det minnesbilder som paralyserar honom? Är det Dora? Är det ljungeldar av insikter – herregud, det var ingen ände på allt vidrigt vi till sist företog oss! – som flammar till inom honom nu när hypomanin i uppdraget och Hitlers närhet har släppt? Fattar han, med kallsvetten rinnande nedför ryggraden att han kan anklagas för mycket, mycket mer än han först ville tro? Eller är det rätt och slätt problemlösning han ägnar sig åt: Hur rädda sitt skinn?

Vi vet inte och kommer aldrig att få veta vad den orörlige Albert Speer stirrade i vitögat där på slottet Glücksburg i maj 1945 uppslukad av sin ensamhet som skulle räcka i 21 år. Nej, som skulle räcka resten av livet.

Vi vet om människor som har begått brott, människor som levt igenom trauman, människor som bär på något outhärdligt, att det kan ta ohygglig tid att minnas. Bland mycket annat tror jag Albert Speer satt och väntade på modet att minnas, minnas så mycket som var möjligt för den som ville – och skulle – leva vidare.

II

Stallard

I

En av de sista meningar Albert Speer, 76 år, överhuvud taget yttrade till Gitta Sereny – om man undantar meddelandet på telefonsvararen som han talade in timmarna innan han dog – lydde: Har jag inte gjort rätt bra ifrån mig i mitt liv i varje fall?

En chockerande mening och Sereny studsar mycket riktigt till. Vad har hänt med den Speer hon hittills har känt, så tyngd av sitt skuldmedvetetna grubbel?

Speer och Sereny har inte träffats på ett tag. De har talat i telefon, disputerat om en artikel som Sereny hade skrivit två år tidigare och som Speer plötsligt är ledsen över, de har klarat ut sina misshälligheter, Speer har hållit kontakt med en trofasthet som säger en hel del om vad Gitta Sereny betydde för honom som hans livs sista sanningssökare och -sägare.

Några veckor före sin död ringer Albert Speer från Heidelberg till London och vill enträget tala om något för sin kritiker och vän. Trots att han har druckit fler glas vin än han brukar göra förmår sig Speer emellertid inte att prata om det han egentligen ringer för – att berätta om den unga kvinnan som mycket sent i livet skänker honom hans första och sista erotiska passion. I stället säger han med en röst som är lättare och gladare än den säkerligen har varit på över fyrtio år: När allt kommer omkring var jag Hitlers rustningsminister eller hur? Jag satt av alla de tjugo åren i Spandau och lyckades med ännu en hyfsad karriär när jag kom ut. Inte så illa ändå?

Förälskelsen leker som sagt var med ljus och skugga i Albert Speers tillbakablick på sitt liv. Kanske överrumplar den honom så att han sänker garden och avslöjar att ångern och skulden "han gjorde ännu en hyfsad karriär" på var koketteri?

Det är fullt möjligt att tro det. Det är till och med fullt möjligt att hävda att förbindelsen med den intelligenta och kritiskt reflekterande Gitta Sereny innehöll avsevärda mått av kalkyl och manipulation. När denna kunniga och respekterade journalist framställer Albert Speer som en i många stycken respektingivande person i kamp med sitt samvete, blir detta kronan på denna kusligt begåvade mans listiga verk. Han begriper att just hennes invändningar och skepsis kommer att förstärka trovärdigheten i hennes positiva omdöme och därför finner han sig i dem så gott som utan protester.

Den holländske journalisten Dan van der Vat är i sin bok "The Good Nazi, The Life and Lies of Albert Speer" absolut övertygad om att det var så det förhöll sig. Albert Speer var en mästare i att slå blå dunster i ögonen på folk i allmänhet och på Gitta Sereny i synnerhet. En av de få människor som grundligt genomskådade Speer, trots att han vistades i decennier i den manipulative mannens magnetfält, var bäste vännen Rudolf Wolters, hävdar van der Vat. Som vi vet bröt Wolters till sist helt med Speer sedan han fått nog av dennes orgier i självanklagelser. Dan van der Vat har till och med funnit ett brev i Rudolf Wolters kvarlåtenskap i vilket Albert Speer, i ett försök att rädda den gamla vänskapen "bekänner" att han "trixade" i Nürnberg när han tog på sig skuld för Tredje Rikets brott.

Jag har emellertid valt att tro att Albert Speer inte koketterade eller bluffade när han i Spandau och därefter återkommande sade sig vilja bli en annan människa. Jag har gjort det för att det vittnesbörd Speer har lämnat efter sig om sitt arbete med att förstå vad han själv har gjort och varför, äger en uthållighet, kraft och konsekvens genom de trettiosex åren och tusentals textsidorna, som väger oändligt mycket tyngre än vad han i en dispyt med Wolters eller i ett småberusat och allmänt euforiskt telefonsamtal yttrar. Albert Speer var i efterhand absolut klar över att han, bland mycket annat, spelade en roll i Nürnberg vilket inte innebar att han enbart spelade en roll och orden till Wolters är inte så lätta att tolka som Dan van der Vat vill göra gällande.

Låt oss för ett ögonblick återvända till den aktuella tiden.

Fem månader förflyter mellan de stilla eftermiddagarna på det ståndsmässiga och inventiösa slottet i den relativt oförstörda delen av Tyskland, där Albert Speer ännu känner sig och behandlas som en gentleman och eftermiddagen i häktet, i "fångarnas annex" i Nürnberg, där samme Speer, avmagrad, iförd fångkläder, står upp i sin barskrapade cell för att motta anklagelseakten av den brittiske underrättelseofficeren major Airey Neave.

Att någonting har hänt, att Albert Speer har påbörjat sin långa resa över syndens, skuldens och straffets oändliga kontinent, framgår av kommentaren han fäller när Neave inledningsvis har läst upp Nürnbergstadgan i vilken ogärningarna, som gjort en internationell rättegång nödvändig, definieras:

"För sådana förfärliga brott finns ett kollektivt ansvar även i ett auktoritärt system", konstaterar Speer.

Airey Neave påminner sig ännu trettio år senare hur han hoppade till både inför repliken och mannen som fällde den. Det var en imponerande person minns han – men också skrämmande. Han uppträdde alltför väloljat med tanke på var han befann sig och vad han stod inför. Även den i och för sig insiktsfulla repliken bar ett obehagligt drag av inställsamhet.

Ja, den attityd Albert Speer lägger sig till med under mörka dagar och nätter i fångannexets källarcell kan säkert kallas inställsamhet. Den kan förmodligen kallas allt möjligt annat också.

Albert Speer har som vi vet i sin karaktär ett grundläggande drag av överdriven följsamhet mot "husbonden", vems röst denne än råkar bära: Arkitekturprofessorn Tessenows, Hitlers, amerikanska och brittiska förhörsledares, fängelsedirektör Andrus eller sentida utfrågares som tillfredsställer hans behov av uppskattning. Inte minst är han följsam mot Gitta Sereny.

Men när Albert Speer under månaderna från maj till november 1945 bestämmer sig för att medge kollektiv skuld till Tredje Rikets brott gör han det i full förvissning om att han därmed riskerar dödsstraff.

Hans advokat Hans Fläschner har avrått honom från ett sådant medgivande, han har tjatat och stått i.

– När jag ser hur ni är placerad i rättssalen och hur ni i övrigt behandlas tror jag att vi kommer att klara det här om ni avstår från att påta er ansvar, säger Fläschner till Speer när de har provsuttit rättssalen dagen innan rättegången börjar.

– Ni kan aldrig övertala mig, svarar Speer. Och han medger, när hans tur kommer så sent som i juni, skuld framför allt till brotten mot mänskligheten, genom sin delaktighet i Hitlers system.

Albert Speer är inte den ende som tillstår ansvar och skuld. Flera gör det men Speer är den som gör det mest genomreflekterat vilket också innebär att han gör det väldigt skickligt. Han argumenterar intelligent om hur ansvar ser ut i det auktoritära systemet och hur det kan komma sig att den starka känsla av kollektiv skuld som han bär på kan kombineras med att han förnekar personligt ansvar för sådant som han inte bar personligt ansvar för. Att han förnekar kännedom om Förintelsen behöver här inte kommenteras utförligare. Rollen han exekverar är minutiöst uträknad och i den ingår ett mått av absolut uppriktighet. Ett lagom mått.

Under månaderna som följde efter Speers rannsakning tills dom föll den 30 september befarade Albert Speer allt starkare att han skulle dömas till döden. Stundtals befarade han inte ens, han bara beredde sig.

Nej, kommentaren till Airey Neave var nog inte i grunden inställsam. Den var resultatet av eftertanke och cellens djupa tystnad. Kanske var den uttryck för ett behov av "rening" – som kanske måste bli döden – som börjar dyka upp hos Speer vid den här tiden, kanske redan i de blickstilla stunderna efter samtalen med Galbraith och de andra, då för länge sedan då han ännu var en förhållandevis fri man. Albert Speer befann sig förmodligen i det skede av sin självrannsakningsprocess då någon framtid överhuvudtaget inte gick att föreställa sig och det förflutna tedde sig absurt.

Sedan är det en annan sak – för att ännu kommentera inställsamheten – att Albert Speer från och med nu och för resten av sitt liv såg sig förhindrad att utmana någon som kom för att döma honom, vare sig det var Airey Neave eller 1960- och 70-talens bittra Speerkritiker. Han låg alltid lågt, lyssnade, nickade, höll med, och vädjade om att ändå mot alla odds bli trodd, gjorde sitt yttersta för att bli omtyckt.

När Gitta Sereny bistert talar om för honom att hon misstänker att han aldrig insåg eller ansåg att han själv och de miljoner som led och dog i hans rustningsfabriker levde på samma planet, tystnar han för en lång, lång stund och säger sedan:

– Så var det nog. Åtminstone då. Jag hoppas det inte är så nu.

Jag vet inte om detta ska kallas inställsamhet eller sorg.

Grundläggande för denna min personliga berättelse om Albert Speer och det märkliga mänskliga predikament hans livsöde inkarnerar är alltså mitt beslut att på ett fundamentalt plan tro honom i hans självrannsakan fast jag vet att han ljuger mycket. Kanske är det just motsägelsefullheten och mångtydigheten i hans väsen som övertygar mig. Det är just för att han på komplexa människors vis går bakom ryggen på sig själv när han kämpar med sanningen som jag tror att han rör vid stor smärta.

För mig är det en plausiblare men också mycket mer oroväckande hypotes, att Albert Speer var seriös i sin ändlösa vandring mot ett Canossa han aldrig kunde nå och att han också därför momentant tröttnade, än att avfärda honom som Conan Doyles professor Moriarty: intelligent men ond.

Jag tror att Albert Speer på slottet Glücksburg i Schleswig-Holstein i maj 1945 anträdde en av de märkligaste resor en människa någonsin tvingats företa genom sitt varas olidliga tvetydighet där skulden ständigt bor granne med stoltheten och självkänslan är föraktets broder. Jag tror att Albert Speer använde de trettiosex år han hade framför sig, från den dag han äntligen stillnade där i stolen och började tänka, till att leta efter de dolda djupen i sin egen person, lidelserna som drivit honom men som han aldrig känt, gränserna han överskridit utan att någonsin bli varse något särskilt. Jag tror han såg mycket fast han såg dunkelt såsom i en spegel och ofta, allt oftare sedan han lämnat Spandau, tror jag den nya erfarenheten upplöste sig för honom och han föll tillbaka i sina beprövade personlighetsfästen. Han sköt igen luckorna till sina djupa källarvalv och tog i bruk intelligensen, organisationstalangen och sin envetna vilja att prestera inför publik.

Av någon anledning ter han sig så oerhört välbekant.

Albert Speers problem var att han saknade inre moraliskt motstånd mot Hitler. Repliken är som vi vet Hugh Trevor-Ropers. Den ska absolut inte tolkas så att Speer enligt den brittiske historikern skulle ha saknat moraliskt medvetande eller moraliskt mod. Vad han saknade, särskilt som ung, var en viktig bit i den personliga integritetens invecklade mentala konstruktion.

Albert Speer är faktiskt själv den iakttagelsen på spåren när han startar den inre processen mot sig själv i väntan på rättegång och dom i Nürnberg. Efter de första månadernas sysslolösa förvaring tillåts fångarna hålla sig med papper och skrivmaskin – de ska ju förbereda sina försvar – och Speer skriver febrilt.

Albert Speer skriver för att förklara för sina barn. För att åtminstone postumt tala till dem. (Något han skulle ha ytterst svårt för att göra i ”verkligheten” när han sedan trots allt fick leva.) Om de någonsin kommer att förstå hans livsval och hans öde vet han inte – han förstår ju knappt själv. Det är också därför han skriver.

Föga överraskande börjar han med Hitler. Han har redan gjort ett fyrtiosidigt försök till Hitlerkarakteristik under arresten i Paris vid Eisenhowers högkvarter, före transporten till Nürnberg. Nu börjar han om. Han ska börja om otaliga gånger under åren i Spandau och vid sin död planerar han fortfarande den stora Hitlermonografin.

Ett signifikant drag hos Hitler trevar Speer ständigt efter – eller snarare ett signifikant drag i de relationer som uppstod kring Hitler. ”Man tappade sin egen vilja”, säger han på många ställen.

Hur mäktig och auktoritativ man än kunde känna sig i kretsen av sina egna underlydande, på sina egna domäner – i Hitlers närhet blev man liten och blyg, säger Speer när minnesbilden ännu är mycket färsk i juni 1945.

Några månader senare i Nürnberg påminner han sig hur han och Karl Dönitz, som ska bli hans medfånge i Spandau under tio år, 1943 utbyter tankar om Hitlers hypnotiska inflytande. Både Speer och Dönitz konstaterar att de har börjat begränsa sin närvaro vid Hitlers högkvarter till några gånger i månaden av samma skäl: för att bevara sitt inre oberoende.

Speers vittnesbörd är intressant. Det säger naturligtvis något viktigt om Hitler. Men också om Speer och Dönitz och om den sociala och politiska atmosfär i vilken Tredje Rikets tragedi utspelade sig.

Hugh Trevor-Roper och andra historiker som Alan Bullock och Joachim Fest har konstaterat att Hitler faktiskt ägde ett slags hypnotisk makt över människor och framför allt över massor. Förklaringen till det var säkert att människorna och massorna ville låta sig hypnotiseras. Det fanns i Tyskland vid 1920-talets slut en ”social beställning” på en ”stor man”. Varför det var så ska inte närmare utredas här, det räcker med att hänvisa till välkända fakta som Versaillesfreden, den av tyskarna omhuldade dolkstötslegenden och Weimarrepublikens extrema politiska svaghet.

Det intressanta i detta sammanhang är frågan som Trevor-Roper aktualiserar: Vad var det som gjorde att Albert Speer med sin borgerligt gedigna uppfostran, sin akademiska utbildning och inte minst med faderns politiska liberalism i bagaget saknade den integritet, den inre motsträvighet som skulle ha hållit honom undan Hitler?

Man kan resonera på många olika plan när man söker svaret på frågan. Jag startar med en personlig analogi, en identifikation som gömmer en aning om hur lätt okritisk beundran kan slå ut den självständiga reflexionen hos många av oss om idealisering är kutym i vår kultur eller omgivning. Jag tror inte vi ska underskatta den förföriska lockelsen hos en klassisk romantisk världsbild där de lydiga vasallerna kretsar kring sina hjältekonungar och rennässansfurstar. Demokratin är när allt kommer omkring en mycket sen skapelse i vårt europeiska samfund och demokratins människosyn med jämlikhetens och frihetens egensinnige medborgare centralt i blickfånget en angelägenhet främst för de skandinaviska länderna.

2

Albert Speer var som sagt nästan årsbarn med min far. Båda tillhörde en generation som fick se den efterföljande – till vilken jag själv hör – begå resolut politiskt fadermord, något som den ångerfulle Speer hälsade med glädje medan min djupt opolitiske pappas reaktion var mer obestämbar.

Själv blev jag aldrig så förskräckligt radikal som den finlandssvenska borgerligheten alltid har föreställt sig – jag blev faktiskt aldrig värre än socialdemokrat (Albert Speer röstade för övrigt på socialdemokraterna när han sent omsider fick rösträtt i Förbundsrepubliken Tyskland, något som faktiskt enligt min mening gränsar till inställsamhet) – men de sista åren pappa levde disputerade vi en del om begrepp som tradition, indvidualism och demokrati.

Pappa var en intellektuell människa med stark vilja att förutsättningslöst lyssna, resonera och förstå även argument som han inte nödvändigtvis omfattade. Ändå är det inte tu tal om att han var starkt präglad av sina pojkårs erfrenheter av finska inbördeskriget, där hans släkt tillhörde den vita sidan (hans morbror var baronen som mördades av de röda i Väinö Linnas ”Upp trälar”) och han avskydde allt kollektivt, allt politiskt och i praktiken också en hel del av det som kallades demokratiskt även om han var lyhörd för demokratins princip.

Allt eftersom åren har gått och jag som alla andra ser mitt förflutna revideras av ny erfarenhet, desto tydligare tycker jag mig finna att jag när allt kom omkring delade fler omedvetna och undermedvetna värderingar och förhållningssätt i tillvaron med min far och de borgerliga i hans generation än med min egen, den som starkt format min medvetna och reflekterande livshållning. Rakare uttryckt: Pappas sätt att vara, tänka och värdera präglade mig starkt och även om många grundläggande ting, den resonerande hållningen till exempel, var värdefulla att ha med sig, fanns också sådant som blev arbetsamt att göra upp med.

Om det ens någonsin lyckades.

Därför tror jag att jag vet vad jag talar om när jag säger att pappa, och många i hans generation, hade en benägenhet att tro mer på starka män – eller i varje fall kvalificerade män – än på demokratiska processer. Och han backades upp av mamma som idealiserade män. Jag vet det därför att jag minns med hela styrkan i min egen storögda beundran.

Jag minns berättelsen om Mannerheim till häst på Norra Esplanaden i Helsingfors när inbördeskriget är slut och pappa är elva år. Ännu sent i livet skälver hans röst till när han berättar. Jag minns ”Fänrik Ståls sägner” och Adlercreutz generalen och Döbeln vid Jutas. Normalt är det inte pappa som läser högt för oss utan mamma men Fänrik Stål läser han med sin djupa aningen tonlösa stämma.

När jag vid elva års ålder skulle avlägga ett sångprov för att få betyg valde jag inte att sjunga ”Vi gå över daggstänkta berg” eller ”Sylvias julsång” som de andra barnen utan klämde i med ”Atenarnas sång” (Härlig, är döden när modigt i främsta ledet du dignar) som sångläraren med förbluffad möda ackompanjerade.

Nej, pappa var ingen krigsromantiker, tvärtom. Han hatade kriget och berättade nästan aldrig krigsminnen. Han plågades svårt av den råa drängstugejargongen i det militäras manliga miljöer. Han var ingen machoman. Men han var en man som vuxit upp bara bland pojkar och som i sakliga angelägenheter litade bara på män. Han var hövisk och chevaleresk mot kvinnor, till och med jämlik mot vissa han kände och värderade men generellt såg han dem som varelser från någon annan planet.

Pappa var individualistisk, självupptagen och envis och skulle aldrig ha blivit hantlangare åt någon som hade kommit på tanken att kräva det. Men han kom med hela sitt väsen – sin gestalt och sitt sätt att vara i världen – att hos mig väcka en livslång passion för den ensamme sheriffens manliga arketyp och det berodde på att han själv var sådan och att han såg upp till sådana.

Kulturtradition, politisk tradition och erfarenhet, familj och personlig utrustning – en dragning till det estetiska och romantiska – bidrog till detta. Inte överraskande valde han en hustru som beundrade honom som han ansåg att män skulle beundras.

Och jag slök allt med hull och hår. Slök hungern efter den ouppnåelige som förblev eftertraktansvärd i kraft av sin ouppnåelighet.

Jag kan med andra ord leva mig in i vad det vill säga att ”se upp till” och att hängivet försöka vara till lags – nej, att febrilt försöka förtjäna den upphöjdes uppskattande uppmärksamhet. Jag känner också väl igen de projektiva inslagen i den här formen av idolisering. Man förser objektet med allt man har behov av att förse det med. Och gudarna ska veta att lidelsen just omfattar ett objekt, inte en subjektivt kännande och tänkande varelse vars autentiska person man vill knyta an till i en ömsesidig relation.

Det här mänskliga förhållningssättet har med andra ord drag av självbespegling, det narcissistiska barnets behov av att bli sett utan att nödvändigtvis se självt.

Albert Speer var uppvuxen med idel bröder, en dominant far och en känslomässigt bortvänd mor. Livet ut förblev männens värld ”den objektiva världen” för Speer, den värld i vilken människovärdet löstes in. Omedvetet gick det så till att mindre män gjorde sig gällande inför större.

Även för Speer hörde kvinnorna hemma på en annan planet fast han kom att beundra sin äldsta dotter såsom min far i slutet av sitt liv kom att beundra sin. Som vi vet hade han kvinnotycke, herr Speer, men förblev in i ålderdomen märkvärdigt omedveten om denna dimension hos sig själv, ointresserad av de tillvarons trakter där attraktionskapitalet hade kunnat realiseras och viktiga livserfarenheter vinnas. Han förblev attraherad bara av sin hårt känslotuktade maskulina miljö, där lidelserna förvisso flödade men där de kapslades in i lydnadens och lojalitetens strikta uniformer med skärmmössor, koppel och stövlar som sexuella utsmyckningar.

Som produkt av en uppfostran och en miljö där kvinnor var barnafödande utomjordingar var den unge Albert Speer mottaglig för passionen i hierarkin och det virila ceremonielet kring Hitler. På gamla dar tillstår han att däri låg någonting erotiskt. Förmodligen handlade det om ett slags överförd pittmätning där Speer till sin berusande tillfredsställelse kunde konstatera att Hitler beundrade hans mer än vice versa. Herregud vilket band en sådan upptäckt skapar.

Detta är en förklaringsmodell, en resonemangsnivå, i sökandet efter svaret på gåtan Hitler och Speer, varför den äldre mannen utövade en sådan hisnande makt över den yngre trots att den senare hade överlägsna utförsgåvor i de flesta avseenden.

Det finns naturligtvis fler viktiga förklaringar. Om vi återknyter till detta med 1920-talets romantiska världsbilder och att idealisering av ”stora män” låg i luften kan vi konstatera att Albert Speer med sitt undernärda känsloliv var mottaglig för den sortens romantik. Lägger vi därtill atmosfären av lydnad och underkastelse som omgav Hitler när Speer trädde in i kretsen av gamla kamrater är det inte svårt att föreställa sig hur den betingade emotionella reflex uppstår hos Speer som får honom att tala om Hitlers magiska makt.

Låt oss belysa detta med de manliga miljöerna och lojaliteten på ytterligare ett sätt.

Jag tror att "de gamla kamraterna" med Bormann, Göring, Goebbels, Hess, Himmler och många fler, hade utvecklat en allt uppslukande lojalitet mot den grupp de tillhörde, försvuren åt ett sammanhållande "ideal" eller en sammanhållande "mission". Sociologen Zygmunt Baumann har pekat på att just lojaliteten som supermoral överordnad allt annat är karakteristisk för många maskulina kadrar så som fordom militären, polisen, de politiska aktivistsammanslutningarna med flera. Troheten mot gemenskapen och dess sammanhållande kitt av delade upplevelser tar över varje individualistisk invändning, varje tyst reflexion över innbörden i ett beslut eller en handling. Låt oss bara påminna oss Himmlers tal i Posen 1943, i vilket han inför de likbleka distriktsledarna vädjar till Lojalitetens självövervinnelse för att få dem att fullborda judeutrotningsmissionen trots att de är svimfärdiga under själva utförandet.

För det gamla gardet var underkastelsen under Führerns minsta nyck något av kicken i alltihopa. Därur utvanns någon sakral dimension åt den ganska hårdföra maktutövningen. Kicken i att underkasta sig förság Hitler med makten att åstadkomma det. Makten fick ett magiskt stråk, som småningom kom att leva ett eget liv. Trollspöt blev ett trollspö därför att de förtrollade ville det och det förblev trollspö även när de förtrollade så småningom började önska att det upphörde.

Så lurig kan den psykologiska dynamiken mellan människor vara.

Men Hitler omgavs ju inte bara av gamla kamrater. Han omgavs av kamraternas svans av opportunister som mycket konkret erfor lyftkraften i den nya regim som erbjöd dem avancemang från den luggslitna lägre medelklasstillvaro första världskriget lämnat dem i. För dem var Hitler Makten de själva var beroende av. Deras livs mening och innehåll bestod av att vara till lags. Också det bidrog till att den auktoritära auran kring Hitler förstärktes. Han var liksom omstrålad av invändningsfrihet.

In i denna centrifug av lojalitet, makt och beroenden träder den blott 27-årige Albert Speer och förlorar naturligtvis omedelbart fotfästet i sig själv. Han tappade helt enkelt andan av att vara så nära så mycket "storhet", vilket han ju ännu femtio år senare livfullt förmår beskriva för Gitta Sereny.

Albert Speers text från 1946 i vilken han påminner sig att någonting faktiskt kändes alldeles fel redan 1943, att han, som han uttrycker saken, "kände att han inte fungerde på rätt sätt ifall han befann sig i Hitlers närhet alltför långa stunder i sträck" inbjuder till ytterligare några reflexioner.

Som jag ser saken kan vi här följa herr Speer i den invecklade bekännelsemanöver som är så karakteristisk för allt han skriver genom åren. Han närmar sig sanningen bakom ryggen på sig själv, i smyg för sina oändliga tillrättalägganden.

Vi minns att 1943 är året då Albert Speer sakta men säkert bryter ihop. Vid årsskiftet 1943-44 är han livsfarligt sjuk.

Från sitt källarhål i Nürnberg berättar han för barnen att han hade börjat hålla sig undan Hitler just det året. För att bevara sitt inre oberoende säger han.

OK, efter umgänge med Hitler hände det alltför ofta att han gjorde som Hitler ville och inte som han själv ville. Det är väl det han vill ha sagt.

Likväl ligger en annan läsning så snubblande nära att Speer får finna sig i den. Vad han inte säger men förmodligen ändå menar är att han under 1943 insåg vad han sakta men säkert drogs in i. Insåg att han inte ägde de själsförmögenheter som krävdes för att säga ifrån. Insåg att från och med nu är det bara slutna ögon och små steg som gäller.

Nej, insikt var det kanske inte riktigt frågan om, sådan där som tränger sig på och manar till handling. Han tillät sig nog inte så mycket mer än en aning – ordet Albert Speer så ofta tar i sin mun – och sedan skötte hans utmattade kropp resten.

Men vad är det som hindrar Albert Speer från att veta det han anar?

Ja, vad hindrar oss människor från att stanna mitt i steget, vända oss om och se oss själva i ansiktet? Rädsla – varken mer eller mindre. Den halvmedvetet väljande människans ångest inför sina många ansikten.

Albert Speer döms inte till döden den 30 september 1946. Domen på tjugo år inkluderar inte häktningstiden. Han ska sitta sammanlagt tjugoett och ett halvt år.

Han stönar sitt explosionsartade ”puh” innan han blixtsnabbt återfår kontrollen och biter ihop. Jag tror han var fruktansvärt lättad och grymt besviken. Vad är det liv värt som man alltid kommer undan med, tror jag han undrade.

3

I det föregående har jag skisserat ett svar på frågan varför Albert Speer saknade inre moraliskt motstånd mot Hitler, som Trevor-Roper konstaterade. Det finns fler. Fler förklaringar till att unge Speers personlighets fäste var så lätt för andra att inta. Man kan utforska dem i lager på lager, segment efter segment, sprickorna i jagets skansar. Det är integritet hela moraliteten Albert Speer kretsar kring.

Var det Horatius som sade att det är farligt för oss att beundra? Beundran leder inte bara till idealiseringens bländning. Den leder också till spegling, ett påträngande behov av att beundras av den beundrade.

Vi har kunnat konstatera att Speer livet igenom var lyhörd för många husbönders röster, det vill säga att detta med att hålla på sig inte var hans allra bästa gren. Samtidigt visade han ju upp en oerhörd envishet i sitt val av moralisk position i och efter Spandau fast han strängt taget inte rönte någon större uppskattning för det. Hans gamla professionella krets försköt honom – med undantag för Anne-Mari Kempf och några till – och nya vänner fick han egentligen inte. Även de som uttryckte både respekt och intresse för hans person och öde förblev innerst inne skeptiska mot honom.

Sanningen är väl den att Albert Speer under åren i Spandau kämpade också med denna lucka i sin personlighet vilket bidrog till att den moraliska, för att inte säga existentiella sits han intog efter sin frigivning blev så förbryllande dubbelexponerad som vi hittills har kunnat konstatera.

Rudolf Wolters äcklade beskyllning om att Speer koketterar med en skuld han inte känner var förstås en målmedveten förolämpning av det mera rasande slaget, vilket inte hindrar att Wolters är något på spåren.

Speer koketterar inte men han har kvar sitt behov av att vara märkvärdig och att räknas som speciell bland dem han själv räknar. Därför tar han kanske i det slutande 1960-talets Västtyskland större ord om skuld i sin mun än han i verkligheten har mental täckning för. Samtidigt är hans ståndpunkter utformade under de långa tysta åren i fängelset ovedersägligen resultatet av ett stundtals förtvivlat arbete att orka se sig själv i ögonen.

Albert Speer blev undan för undan allt klarare över denna

brist på stadga hos sig själv. Efter att i Nürnberg huvudsakligen ha grubblat över Hitlers magiska makt över honom närmar han sig steg för steg sin egen karaktär när nu ödet gav honom tjugo års tid att fundera minst sagt i lugn och ro.

1949, när ganska precis tre år har gått sedan han stod inför skranket i Nürnberg, umgås Albert Speer fortfarande dagligen och stundligen med sina minnen av Hitler. Men nu undrar han allt oftare vad han själv var för en.

Det första hårda decenniet i fängelse är Speers Hitlerbild, som vi vet, oerhört svart. Det får Albert Speer att en obarmhärtigt iskall sommardag ställa frågan: Om han var sådan som jag minns honom nu, vem var då jag som i tio år vistades i hans omedelbara närhet, mycket väl till mods – åtminstone under fredsåren?

Bra fråga.

Vad är det då Speer minns? Ja, inte är det den Hitler han i slutet av kriget kallade för brottsling inför sin förbindelseofficer. Han minns bagateller, bagateller som är rätt avslöjande för Speer men också för den sträva nykterheten i hans sökande.

Vad han undrar över, kort sagt, är varför inte överklasspojken Albert Speer reagerade för Hitlers klumpiga överdrifter, hans färdigknutna slipsar, hans pråliga blomsterbuketter.

Ja, kan man tänka sig! Bara en sådan sak!

Att han inte hoppade till för utrymningen av judarna från Berlin eller Kristallnatten 1938, bekymrar honom inte särskilt i Spandau. Det tänker han på först efter frigivningen när förläggaren påpekar saken.

Men Hitlers förbaskade blomsterbuketter! Dem borde han ju ha sett!

Hycklade jag att jag inte lade märke till dem, fortsätter Speer, eller lurar jag mig själv och andra när jag nu i efterhand bara framkallar negativa bilder.

Albert Speer funderar vidare och kommer fram till ämnet trolöshet. Därefter följer denna ganska anmärkningsvärda anteckning, daterad 28 juli 1949, vilket inte betyder att den skrevs då eftersom Speer stuvar om i dateringarna, men säkert relativt i början av strafftiden. Tonen tyder på att denna notering inte är en regelrätt dagboksanteckning utan att Speer för dialog med Wolters:

"Jag urskuldar mig inte: Jag är trolös. Och det har inte bara att göra med att Hitler har förverkat alla anspråk på min trohet. Något sådant existerar inte gentemot ett monster. Jag frågar mig ibland om det inte finns en oförklarlig instinkt inom mig som alltid, vare sig jag vill det eller ej, låter tendensen i tiden få makt över mig. Som om den vid varje tillfälle förhärskande strömningen drev mig hit eller dit. Min känsla av skuld i Nürnberg var säkerligen fullständigt uppriktig. Men jag skulle hellre ha känt av den 1942. Jag skulle också ha större förtroende för min dom om jag idag åtminstone från tid till annan stod i opposition till den strömning i tiden som idag totalt fördömer Hitler. Jag kan dock inte heller upptäcka någon god sida hos honom – åtminstone ingen som balanserar hans oerhörda förbrytelser. Vad innebär då trolöshet?"

Ja, vad innebär den hos Albert Speer?

The Observer från april 1944 erbjöd oss som vi minns ett svar: Albert Speer är den instrumentella människan i sin prydno. Han drivs av en enda lidelse – sin breda tekniska och organisatoriska kompetens och det löfte om framgång som bor i den. Sina tjänster kan han erbjuda vem som helst, vilket system som helst bara löftet ser ut att infrias. Om han håller sig med politiska uppfattningar är de så konventionella att de inte lägger hinder i vägen för skifte av lojalitet.

Detta är en bestickande beskrivning av Albert Speers karaktär, den han själv kallar trolös. Låt oss bara minnas den enkla omständigheten att han övergår till att sympatisera med socialdemokraterna när de tjugo fängelseåren är till ända. Även om den huvudsakliga anledningen till detta är Willy Brandt och den vänlighet denne visade Speers familj, så bekräftar sidbytet The Observers iakttagelse nästan kusligt väl.

Albert Speers personlighetstyp har karakteriserats som modern och varningsflagg har hissats. Jag har själv varit med om att göra det med motiveringen att moraliskt indifferenta teknokrater utgör humanitära säkerhetsrisker i alla förvaltningssystem.

Emellertid var Albert Speer, som jag ser honom idag och som jag inledningsvis konstaterat, inte någon moraliskt indifferent, blind teknokrat. The Observers karakteristik är sin omedelbara träffsäkerhet till trots missvisande på djupet.

Jag tror faktiskt att den unge Albert Speer såg Hitlers färdigknutna slipsar, vulgära blomsterbuketter och mycket annat som stötte hans aristokratiska stilkänsla. Men den unge Albert Speer hade ett sådant brinnande behov av att idealisera Hitler, av att få dväljas i sin romantiska, heroiserande världsbild, av att fylla sitt eget liv med sonlig ambition, betydelse och förhöjd känsla, att han valde att bortse från ett och annat som störde bilden.

Vi som vet något om behovet att idealisera vet också något om hur det kritiska seendet besegras. För det är inte så att vi inte ser, vi ser nog men vi övertalar oss att det inget betyder. För idolen har tagit plats i vårt inre, som en olympisk ande i vars solblick vi blir som nya, beredda att prestera, beundra och prestera än mer.

The Observer hade rätt i att Albert Speer i sin omgivning framstod som en kylig och nykter person som koncentrerade sig på att få jobbet gjort och inte anfäktades av väldiga idéer, passioner eller känslor av annat slag. Det är också sant att Speer, livet igenom, vigt snodde sig efter tidsandans krumbukter. Likaså att hans överordnade lust och intresse i livet var att få göra det han var oerhört bra på: att driva stora och komplicerade projekt.

Men det faktum att han tjänade Hitler med dessa sina talanger kan enligt min mening inte tas till intäkt för att han var moraliskt indifferent och kunde ha tjänat vem som helst. Paradoxalt nog. För han var ju så långt ifrån indifferent inför Hitler som man gärna kan bli. Det moraliska problemet låg där, inte i indifferensen.

Så vad gick den då ut på, denna kärlek mellan två män, som Gitta Sereny talar om? Varur föddes glöden som får Albert Speer att på sin ålders höst, när Hitlerbilderna från tid till annan växlat som bladen i ett blädderblock i hans huvud, utbrista att han "hade gjort allt för att vinna kriget åt den mannen!" Även om han hade känt till gaskamrarna! Ja, i själva verket gjorde han ju allt för att vinna kriget åt den mannen fast han kände till gaskamrarna.

Idealiseringsbehovet och den narcissistiska egenvärdestegringen räcker inte ända fram som förklaring även om de räcker långt.

4

Hitlers universum var renons på kvinnor.

Åjo, visst fanns de där, Eva Braun, Magda Goebbels, Anni Brandt, Traudl Junge, Christa Schröder och många till som tillhandahöll olika sorters tjänster, vissa av dem även sådana som hålldamer brukar leverera.

Men den maktutövande sfären, i vilken Albert Speer, 27, inträdde var absolut stängd för kvinnor.

I och för sig var detta med avsaknaden av kvinnor i toppfunktioner inte någonting karakteristiskt just för Tredje

Riket. Europa leddes under 1900-talets första hälft av idel män. Kvinnor i politiken var sällsynta. Men i efterhand kan man urskilja något överdrivet, krampaktigt för att inte säga passionerat i den nazistiska regimens betoning av sin maskulina exklusivitet.

Det var lånta fjädrar för hela slanten när Hitler och hans krets av soldatspillror från första världskriget styrde ut sig i pampiga uniformer med obskyra gradbeteckningar. Formspråket liksom den paramilitära organisationen i NSDAP syftade naturligtvis i första hand till att suga åt sig auktoritet ur analogin med krigsmakten. Icke desto mindre har vi därtill att göra med sexuella attribut som skvallrade högt om det på en gång homoerotiska och homofobiska i atmosfären kring dessa dristiga och ängsliga män.

Klaus Theweleit heter en tysk litteraturvetare som på 1970-talet skrev en doktorsavhandling som han kom att kalla ”Mansfantasier”. Med psykoanalytisk skolning i botten analyserade han den sexuella föreställningsvärld som kom till uttryck i den så kallade frikårslitteraturen, det vill säga den vildvuxna flora av relativt usla litterära alster som på 1920-talet dök upp i Tyskland och som hyllade de irreguljära vita gardena som opererade i landet efter första världskrigets slut.

Dessa garden var omedelbara föregångare till SA, som i sin tur var embryot till NSDAP – nazipartiet. Gardena eller frikårerna fortsatte i viss mening första världskriget på egen hand – efter Tysklands nesliga kapitulation – i syfte att besegra de röda och omintetgöra den demokratiska regeringsform som var under uppbyggnad efter det kejserliga Tysklands sammanbrott i nederlaget 1918.

Frikårernas män var söner till lantjunkare eller tjänstemännen i städernas borgerliga medelklass. De fruktade arbetarrörelsen och närde för övrigt febriga föreställningar om sitt lands storhet, hjältedödens extas och kårlivets renhet. När de inbördes striderna mellan frikårerna och de röda småningom upphörde skrev ett otal framträdande officerare – av vilka somliga dök upp som halvhöga koryféer i nazipartiet på trettiotalet, namnkunnigast bland dem kanske Rudolf Höss som blev kommendant i Auschwitz – på det hela taget oläsbara memoarer som Klaus Theweleit oförtrutet har tagit sig igenom och blottat på deras djupaste innehåll: homoerotiken, homofobin och kvinnoskräcken. De var paniskt rädda för kvinnor, dessa modiga män, rädda för det varma, det våta, sidenmjuka, sugande som hotade deras makt, kontroll och obändiga vilja av stål.

Det är samma epok Klaus Theweleit undersöker som en gång Siegmund Freud. Han rör sig emellertid inte i det högborgerliga Wien utan i de tyska småstäder som skulle bli nazismens uppland. Han examinerar männens undertryckta drömmar, inte kvinnornas. Men han upptäcker samma halvbelysta, svårforcerade landskap av skam och skuld knutna till sexualiteten som Freud gjorde fast ännu mer förrädiskt förvillande kanske därför att driften på ett ytligt plan var tolererad bland män.

De skydde kvinnorna som lockade deras lustar dessa frikårister som hade vigt sitt liv åt Kampen. Eller måhända var det tvärtom: De vigde sin lust åt kampen för att slippa ägna sitt liv åt kvinnor.

Klaus Theweleits avhandling är så omfattande och utförlig att den till och med i förkortad form på svenska blir till två kompakta tegelstenar. Hans angreppssätt är präglat av Frankfurterskolans filosofi, som strävade till att förena marxism och psykoanalys, och bär tydliga spår av sitt sjuttital – också av sjuttitalets analytiska uppslagsrikedom.

Theweleits utforskning av den emotionellt snöpta manskulturens sexuella underjord har givit mig ovärderliga infallsvinklar på relationen mellan Adolf Hitler och Albert Speer, den relation som Karl Hettlage kallade för en olycklig kärlek och som nog är det glödheta centrum i denna galenskap, nej, i detta helvete vars arkitekt Speer åtog sig att bli – åtog sig med en stolthet och en glädje han aldrig upphörde att känna.

Men Theweleits undersökning ger mig inte bara en av de många nycklarna till gåtan Albert Speer. Många av hans iakttagelser ramlar på plats med ett kusligt ”klick” när jag tänker på fantasier och dagdrömmar som präglade min uppväxt fram till tidiga tonår och mognaden till kvinna. Fantasier och drömmar som kännetecknades av min desperata önskan att vara pojke.

Jag drömde drömmar som var inspirerade av min far och min bror. Pojkdrömmar om hjältedåd, företrädesvis på idrottsarenan, men varför inte på slagfältet. Fänrik Stål och Mannerheim hade gjort intryck som sagt var.

Jag läste mycket litet, Enid Blytons könlösa Mysterie- och Fem-böcker samt Lassie och andra hundhistorier. Definitivt inte flickböcker. Helst av allt drömde jag mig bort vid ”Olympiaboken”, ett svenskt praktverk som i detalj redgjorde för alla olympiska spel från Aten 1896 till London 1948. Pappa fyllde på med ytterligare ett praktverk på finska om OS i Helsingfors 1952 och Melbourne 1956.

Jag provade inte klänningar och högklackade skor i mammas garderob när jag var flicka och slutade kludda med hennes smink när jag vuxit ur kluddåldern. Mitt huvud var fullt av Paavo Nurmi och Voitto Hellsten (bronsmedaljör på 400 meter vid OS 1956). Jag drömde om att själv få springa på Olympiastadion iförd en tröja som det stod ”Suomi” på. Jag fantiserade om prispallar, banketter och den ljuva hemkomsten till en andlöst beundrande familj.

Men det var inte som flicka jag skulle vinna segrar. Min pappa tyckte illa om damidrott. Han tyckte kvinnor blev fula av att sporta. Groteska som han uttryckte saken och såg framför sig den ryska kulstöterskan Tamara Press.

Nej, alla mina drömmar inkluderade en dröm om att vara

pojke. Och i bilden av mina uteslutande manliga idoler ingick aldrig att de var gifta vare sig de sedan var det eller inte. Och det var inte för att närvaron av en fru hade väckt min svartsjuka. Utan för att de här Männen inte var Sådana! Att de behövde kvinnor!

Självklart var jag präglad av allt det osynliga i min fars väsen som omslöt en dyrkande liten dotter som syret i luften. Och pappa, han var en man med stor hjärna, ett med åren allt större hjärta och ett konfliktfyllt förhållande till sin snopp.

– Han var inte den passionerade sorten, sade mamma en gång, långt efter hans död. Fast jag undrar jag. Ur minnet av våra långa nattliga samtal under några korta vuxenår innan han dog, stiger bilden av en förälskad man som naturligtvis alltid sitter metertals ifrån mig – om inte jag går fram och ger honom en kindpuss eller en smekning – och bjuder in mig i sin värld av arkitektur, estetik och livsgåtor men som i övrigt inte vet vad han ska göra med det komplex av starka känslor denna unga dotter väcker hos honom. Hon snuddade vid den sexuella sfär som alltid hade varit så svår att handskas med och som inte blev mindre svår av det incestuösa i den lockande situation han befann sig i och absolut inte gjorde sig medveten om.

Han låtsades att dessa starka skrämmande känslor inte fanns, svävade med mig vid sin sida allt högre upp i abstraktionernas rymder och var fenomenal på att stimulera till tankeverksamhet. Och jag, jag låtsades att kvinnan i mig inte fanns, för det var ju kvinnan som inte fick finnas. Fast mamma, hon såg nog även om hon inte ville veta vad hon såg. Svartsjukescenerna hon spelade upp dessa nätter gjorde emellertid full rättvisa åt hennes dramatiska talang.

Pappa, uppväxt bland bröder och idel pojkkusiner med en blixtrande intelligent och ytterst androgyn mor som enda närvarande kvinna, en kvinna som dessutom inte var särskilt närvarande, fullt upptagen av yrke och karriär som hon var och vars starkaste sida i unga år definitivt inte var känslor (även hon tinade och mjuknade med åren), såg säkert hela existensen av kvinnokönet som ett problemfält där den person han var trygg i – den kontrollerade och intellektuelle – råkade i gungning.

Och även om han var mindre i gungning än förut när han vid trettiofem års ålder äntligen hade gift sig kan man vara förvissad om att detta med pojkar och flickor var olöst inom honom vilket inte undgick den storögda lilla dottern som trodde att hennes kön var fel och förvandlade drömmen om pappa till en dröm om manligt kamratskap.

Pappa och hans tvillingbror hittade under pojkåren på ett spel som byggde på deras starka intresse för friidrott och som de kallade för det olympiska löparspelet. Pappa rekonstruerade det åt min bror och mig, förfinade det och vidareutvecklade det på ett sätt som hade gjort honom till miljonär om hans konstnärliga och tekniska begåvning hade matchats av någon form av affärssinne.

Alltnog, i löparspelet uppträdde pyttesmå pappfigurer som föreställde löpare. Pappa tecknade dem mycket naturtroget i full fart med bilder av berömda olympier som modell. Han gjorde arton stycken som delades upp på tre nationslag: England, Kanada och USA. Han själv blev ”coach” för USA, min bror för England och jag för Kanada. (Medvetet valde han avlägsna och emotionellt neutrala länder eftersom den eventuella förekomsten av Finland och Sverige i sammanhanget hade lett till evig osämja förmodligen mellan oss alla tre.) Alla löparna var givetvis män. Pappa hade namngivit dem – men bara med efternamn som brukligt är bland karlar. Namnen var engelskspråkiga.

Spelet byggde på att löparna ”sprang” på ett spelbräde utformat som en 400-meterbana. De förflyttade sig steg för steg men inte efter tärningsslag utan i enlighet med ett snillrikt system med attrapper som kastades, vilket innebar att figurernas individuella löpstil avgjorde deras framgång.

Slumpen – eller möjligen pappas beräknande öga – hade gjort att varje lag hade en stjärna som utmärkte sig framom de andra och som förde en strid på kniven med konkurrentlagets topplöpare.

Jag älskade min stjärna som hette Stallard. En minimal pappersdocka ritad och klippt i en framåtlutande löpstil med energiskt driv i steget. Jag var vild av glädje när han gav min brors Peary på nöten och fick dagen förstörd då han på upploppet förlorade mot pappas Richards.

Jag gav honom aldrig något förnamn.

Liksom Albert Speer skrev Stallard memoarer. Häfte på häfte med linjerat papper och gröna pärmar fylldes av Stallards segrar och nederlag, träningsprogram, tävlingsresor, drömmar och funderingar.

Memoarerna berättar påfallande ofta om segrar som vinns genom att Stallard tar ut sig fullkomligt. Medvetslös ramlar han över mållinjen och bärs till omklädningsrummet på starka armar för att småningom vakna upp till kamraternas ursinniga hyllningar.

Stallard minns givetvis sina olika lopp – hur de utvecklades, vad han tänkte och varför. Självklart skildrar han fler triumfer än nesliga förluster. Han skriver rätt bra fast inflytandet från ”Olympiaboken” och ”Arne Simmaren” är omisskänligt.

Det intressanta med Stallard är emellertid att alla hans berättelser följer samma båge: Hjältedåd som landar i en utmattning bortom allt förstånd varefter det hela liksom rinner ut i en varm våg av omvårdnad, hyllningar och tedrickning.

Det är inte svårt att ana sig till sexualiteten i dessa dubbel- för att inte säga trippelbottnade fantasier som förläggs till ett förvisso avkönat men dock uteslutande manligt kårliv medan de utspelar sig i en flickas medvetande, ett medvetande som gör besynnerliga förväxlingslekar med sin sexualitet. Förväxlingslekar som skapar illusionen om att ändå på något sätt tillhöra pappas värld.

Outgrundliga äro kärlekens slingerbultar, inte minst den omöjliga kärlekens irrvägar.

5

Karakteristiskt för mansfantasierna Klaus Theweleit letar sig fram till i frikårslitteraturen är den otäcka sammansmältningen mellan sexuell lust, blod och död, dessvärre en ganska klassisk variant av det mänskliga psykets benägenhet att förväxla extremer med varandra. Men innan fantasierna når dessa extatiska och perverterade bråddjup handlar de om betydligt ordinärare själsliga ekvationer: De handlar om den kittlande kontrasten mellan det maskulina överjagsidealet – å dessa fantastiska män i sina blanka stövlar och bredbringade vapenrockar – och det vildvuxnare detet som är en skugglik vetskap om lusten som kan förvandla en till något i kroppsvätskor upplöst i en kvinnas famn, i en kvinnas våld.

Den kontrasten utgör bränsle för mången vällustig erotisk fantasi hos normala kvinnor och hos normala män. Men hos dessa Theweleits män, uppvuxna i de lustförträngande miljöerna i det tidiga 1900-talets Europa brast det som kunde ha varit en hisnanade båge mellan kontroll och hängivenhet sönder och blev fritt fall mot en avgrund på vars botten äckel och skräck dolde sig.

Drömmar om kvinnor ”om sin svaghet” kunde männen

tillåta sig blott i ruset och i ruset fick kvinnorna komma till dem som systrar. Med svala händer smekte systrarna hjältarnas tunga huvuden – frikåristerna såg sig alltid som hjältar – och hjältarna, som i fyllan tillät sig att regrediera till småbarn, lät sig hjälpas i säng.

Fantasin är upphetsande men ganska kysk på en gång. Den är mycket användbar som surrogatfantasi för det mest förbjudna.

Tro mig.

Albert Speer beskriver i sina memoarer upplevelser i Hitlers närhet som gjorde honom nästan tokig av förtjusning. Han skildrar en kontrast, en paradox, en hisnande resa mellan det maktpåliggande och offentliga å ena sidan och det mest privata å den andra.

Vi minns kavajen med Führeremblemet som Hitler lånar honom vid den första lunchen. Han själv i Den Stores kläder, ja nästan som i hans famn. Och ändå förblir Hitler Führern, upphöjd och ouppnåelig.

Och på ett annat ställe säger han det rent ut. Han blev som besatt av att ena stunden sitta vid Hitlers sida i den stora öppna bilen som banade sig väg genom hurrande folkmassor och sedan i nästa ögonblick delta i en intim supé på restaurang Osteria, Hitlers favoritställe i Berlin.

Självklart ger Speer här på ett plan uttryck för något skäligen enkelt och ordinärt: smickrad fåfänga! Han var och kände sig utomordentligt utvald både i Führerkavajen och som Hitlers följeslagare. Men han uppehåller sig själv i sin text uttryckligen vid kontrasten och försöker formulera det passionerade i vad han erfor. Det är svindeln i resan mellan det höga och det låga som han är ute efter, spänningen mellan det suveräna och det vikande, det offentliga och det intima, överjaget och driften. Motpolerna i varje ögonblick både dolda för och infällda i varandra.

Utan att själv riktigt veta vad han gör lättar Albert Speer

faktiskt ganska rejält på förlåten till sina unga mansfantasier, så oskyldiga och erotiskt laddade på en gång.

Albert Speer träffade sin blivande fru Gretel (Margarete) Weber i tonåren. De umgicks till en början som kamrater. Det underströk han ju själv när Gitta Sereny litet försmädligt undrade hur det kom sig att den unga damens föräldrar lät henne paddla kanot på tu man hand med en jämnårig kavaljer, paddla och tälta i ljusa sommarnätter. I 1920-talets Tyskland!

Vi minns hans nästan morrande genmäle: ”Jag hade aldrig tillåtit mig... De visste att det inte hände någonting...”

Säkerligen hände ingenting av många skäl. Ett av dem förmodligen att varken Albert eller Gretel var övermåttan frestade.

I augusti 1928 gifter de sig. Albert Speer har fyllt 23 år, är färdig arkitekt och nyutnämnd assistent åt professor Tessenow. Han försörjer sig bra. Allting förlöper så måttfullt, snyggt och prydligt som en borgerlig tysk familj någonsin kan begära. Inga ”för tidigt” födda barn uppenbarar sig heller. Barnen uppenbarar sig långt senare när Albert Speer har blivit en mycket, mycket upptagen man.

Albert Speers föräldrar var inte förtjusta i sin sons val av flickvän och sedermera hustru. Var skon riktigt klämde får vi faktiskt aldrig veta. Men det är anmärkningsvärt att denna bildade familj med sina starka band till konventionen inte hade brytt sig om att träffa Gretel Weber under alla åren som föregick bröllopet och att Albert inte insisterade på att presentera henne förrän det blev oundvikligt – då hon hunnit bli deras svärdotter.

Det är också anmärkningsvärt att Albert Speer i efterhand, när han reflekterar över sitt liv, i Spandau, i Heidelberg under de många märkliga åren av frågor och svar som blev hans liv i frihet, aldrig förefaller särskilt upprörd över den ganska oförskämda behandling hans föräldrar utsatte honom men framför allt hans hustru för.

Han rycker på axlarna: De tyckte inte att hennes familj var tillräckligt fin.

Detta struntade unge Speer egendomligt nog i – denne normalt sett så följsamme, auktoritetsbundne man. Han tyckte mer om Gretels familj än om sin egen, konstaterar han torrt. I Gretels lägre medelklasshem upplevde han värme och sammanhållning. Allt eftersom åren gick rotade han sig i dess krets. Som kavaljer till Gretel blev han mer av en bror än en passionerad fästman, fast familjen Weber ju väntade sig att de skulle bli ett par så småningom, när de en dag hade blivit riktigt vuxna.

Som vi vet var Albert Speer mellansonen i sin familj, lätt försummad av båda föräldrarna som mellanbarn ofta blir. Deras bojkott av den tonårige gossens "flickvän" eller kvinnliga kompis kan förstås tolkas på olika sätt. Speers uppgift om att de var missnöjda med hennes familjebakgrund får väl tas för god – de kan knappast ha tyckt personligen illa om henne eftersom de aldrig hade träffat henne – men ter sig ändå konstig som förklaring till ett uppseendeväckande ovänligt beteende. Så fruktansvärt fina var de inte själva!

Frågan är om inte hela historien med Gretel talar om för oss att Mathilde Luise och Albert Friedrich Speer gav blanka sjutton i sin mellerste son, nonchalerade honom och hans förehavanden så länge han inte ställde till värre bekymmer än att han umgicks i väl blygsamma kretsar, nonchalerade som de alltid hade gjort.

Och tonårige Albert, vad kunde han annat göra än att tyst och försynt vända dem ryggen, eftertryckligare än förut, och trösta sig med den familj som ändå såg honom och tyckte om honom. Han slutade upp med att känna sig så övergiven och besviken som han faktiskt var. Och när gamle arkitekt Speer långt senare avfärdade den unges storvulna planer för

Berlin och hans samarbete med Hitler med orden ”ni har ju blivit fullständigt galna” rycker junior på axlarna. Det rör inte hans kalla kläder. Det var länge sedan han hade låtit någon annan än Hitler störa sin sinnesfrid.

Albert Speer ödar inte många ord på uppväxtårens anhöriga när han i spaltkilometer efter spaltkilometer tecknar ned sitt liv. Gitta Sereny lyckas under sina ihärdiga efterforskningar plocka fram en aning mer om denna högborgerliga familj, i vars burgna hus i Heidelberg ännu barnbarnsbarnen bor, och redovisar bland annat stridigheter mellan bröderna men i övrigt kontaktlöshet familjemedlemmarna emellan. Gemenskap, dialog, värme, ömhet, inlevelse, beröring och lust är okända begrepp i familjens repertoar, som i så många andra centraleuropeiska kärnfamiljer vid denna tid.

Hermann Speer, den äldste i brödraskaran, hittar på vad han kan för att göra livet surt för den tre år yngre Albert. Och det blir inte bättre av att Albert svarar med att vara anmärkningsvärt hygglig tillbaka.

Hermann slösar bort sin del av familjeförmögenheten och skuldsätter sig svårt. Lillebror sträcker till pengar. Om och om igen.

När de båda är gamla och Albert Speer har avtjänat sina tjugo år i fängelse, publicerat sina memoarer och nått ny berömmelse gör Hermann stora ansträngningar att punktera myten om broderns relativa anständighet. Han författar hatiska brev till Albert där denne påminns om olika komprometterande uttalanden från tiden vid makten. Han kopierar breven och skickar dem till olika förläggare som prov på sin skrivkonst i syfte att få till stånd ett kontrakt för en ”alternativbok” om Albert Speer.

Några kontrakt får han inte. Ur sin penningknipa hjälps han dock av Albert som ånyo har kommit på grön kvist. I själva verket gör sig den äldre brodern ekonomiskt beroende av den yngre. Albert Speer är inte ädel mot sin bror. Han bara bekämpar honom på ett mycket raffinerat sätt. Kallt, korrekt, förödande. Och får stegrad avsky tillbaka. Han duckar, som han förmodligen har gjort från barnsben, för sina egna starka reaktioner genom att bete sig till synes tvärtom.

Jag tror tomheten hos Albert Speer, luftgropen jag talade om i den inledande presentationen av hans person, den svindlande luftgropen i vindarna som bär hos denne begåvade man, är hålet efter fördriven ilska.

Jag tror tomheten, den smärtsamma tomheten hos narcissistiska människor, tomheten som inte är ett sug utan ett ödeland i vilket ångest och självhat virvlar omkring som sotflagor mot en svart himmel, ofta rör sig om fördriven ilska – och villkorad kärlek.

När man är liten har man rätt att vara arg, förtvivlad, rasande och vedervärdig utan att föräldrarna tar sin kärlek ifrån en, den fundamentala bekräftelsen på ens egenvärde, existensberättigande, individuella oersättlighet. Får man anledning att rädas sin egen ilska för att den dödar, dödar omsorg och närvaro i de vuxnas väsen, får man vara på sin vakt mot sig själv i många avseenden. På sin vakt mot sig själv och andra. Av det följer ett stort mått av följsamhet mot yttervärlden och ett inre främlingskap för egna och andras känslor av alla de slag.

Självkontrollen är det kanske mest utmärkande draget i Albert Speers personlighet för alla som blir ytligt bekanta med honom. Naturligtvis handlar den i hög grad om kultur och gängse uppfostran hos män i hans klass och generation men Speers behärskning är trots det anmärkningsvärd. Vid sinnesrörelser har han emellertid, som vi vet, ända sedan barndomen haft en benägenhet att svimma eller säcka ihop på annat sätt.

Sista året av sin fångenskap i Spandau, när den hägrande

friheten med dess starka laddning av förväntan, skräck och panisk osäkerhet pressar på hans personlighets alla fästen, är Albert Speer, 60 år, plötsligt nära nog oregerlig – i återkommande anfall. Han bråkar med vakterna, muckar gräl med medfångarna, obstruerar, ryter och skriker och vaknar på morgnarna med ansiktet vått av tårar.

Han var nog en sårbar, övergiven och arg ung pojke en gång Albert Speer med begåvning och seghet nog att bygga ett överjag av järnhård kontroll och målmedvetenhet runt smärtan och sotflagorna där innanför. Han lärde sig att, vid behov, hata kallt och civiliserat med ett överseende leende på läpparna medan förmågan till kärlek och lidelse låg frusen och förtvinad i samma hårda tjäle av skräck.

Som männen av hans sort plägade göra, gifte han sig med "en syster", en anständig flicka med sportiga intressen och svala händer som inte satte hans känslor och framför allt inte hans lidelse i brand även om han naturligtvis förr eller senare skulle befrukta henne.

Utforskar man kvinno- och sexualskräckens ABC i Klaus Theweleits "Mansfantasier" finner man inte överraskande ett urspår i kristen kultur på bottnen, en arketypisk föreställningsfigur under den vällande sörjan av blod, eld och sperma som är frikårshjältarnas bitterljuva lilla specialitet: motsatsparet horan–madonnan. Hororna som väcker ens lust, men också rädsla, avsky, förakt och självförakt; madonnorna som är så trista att klockorna stannar, men som man full av respekt gifter sig med och lägrar i snabba ryck för kommande släktleds skull.

I likhet med psykiatern Helm Stierlin tror jag att det som skiljer nazismens ondska från så många andra ondskor i modern tid är dess rötter i irrationaliteten, i de förträngda och manipulerade drifternas förrädiska kultur. Nazismen hämtar sina utrotningsimpulser ur ett mänskligt omedvetet där skambelagd sexualitet ingått förening med stark skräck och förvandlats till ett livsfarligt terrarium från vilket olika reptiler jämt är på rymmen.

Klaus Theweleit fann på bottnen av frikåristernas vilda yror en mer klassisk sexuell polaritet – lustens djupt skamsna kurragömmalek med känslan och anständigheten. Hur utvecklades energierna hos dessa borgerliga män i kristet disciplinerade miljöer som gifte sig med sina "systrar" och för övrigt inte riktigt visste vad de skulle med lustarna till, särskilt om de som Albert Speer var begåvade och attraktiva och samtidigt kontrollerade och djupt beslöjade för sig själva, icke närvarande i livet inom sig, för att bespara sig dess förvirring och oförutsägbarhet.

6

Låt oss framkalla bilden på nytt, precis så som Albert Speer själv en gång tecknade den ur minnet, det första genuint personliga mötet mellan honom och Hitler. Jag tänker på den där historien om hur Hitler 1933 besöker det blivande Führerresidenset som renoveras under ledning av Speer och plötsligt frågar om denne vill göra honom sällskap vid lunchen.

Som Speer återger episoden ännu på sin ålders höst bär den starka drag av Mitt Livs Novell: Albert är ung och anspråkslös, när inga andra drömmar än att utföra sitt arbete till Hans belåtenhet... absolut inte...! Men så en dag, när han minst anar det, får Han ögonen på sin ambitiöse arkitekt och framför impulsivt sin inbjudan.

Så följer de förargliga små komplikationerna som håller på att stjälpa hela företaget: Albert har fått puts på kavajärmen! Men Han låter sig inte nedslås. Han har en extra kavaj. Och fast den är så fin, så fin, med Führeremblem och allt, drar sig Han med stort H inte för att låta Albert bära den.

Och sedan pratar Han uteslutande med honom, Speer, hela lunchen! Ser på honom med de där stora, intensivt iakttagande grå ögonen medan grabbarna runt omkring håller på att spricka av avund!

Ååh och oj! Vad ska nu detta kallas om inte den lyckliga förälskelsens svindlande ögonblick i något klichéartad återgivning. Men förälskelse i vem och vad?

Utvaldhetens självförälskelse tänker jag inte öda fler ord på. Självklart finns den där. Men med tanke på att Albert Speer från detta ögonblick och framöver, ända till de stilla stunderna av paralyserad eftertanke på slottet Glücksburg i Schleswig-Holstein tolv år senare, är rätt och slätt personlighetsförändrad, är det mäktigare krafter i rörelse i hans inre än starkt smickrad fåfänga.

Låt oss påminna oss en historia till, från 1934. Den om Speers äktenskap. Hur han undvikit att berätta för Hitler att han är gift, Hitlers snabbt förbiilande bestörtning när han får klart för sig hur det ligger till och blygseln som får Speer att förtiga sin hustrus graviditet fast Hitler undrar hur många barn paret har fått ihop till under sina sex år i det äkta ståndet.

Är det trots allt bisexualitet det hela handlar om hos båda männen fast Gitta Sereny inte tror det? Det är fullt möjligt. Till och med ganska troligt vad Hitler beträffar. Speer däremot är nog ett mer dubbelbottnat fall som knappast adekvat låter sig beskrivas i termer av bisexualitet.

Jag tror inte Speer kände sexuellt begär till Hitler. Sexuellt tände Speer på kvinnor – i den mån han tillät sig att tända överhuvudtaget. Men det hindrar inte en erotisk laddning i hans umgänge med Hitler och med makten, något som vi ju hela tiden har anat oss till, något som Speer medgav på sin ålders höst och som faktiskt inte är ovanligt bland mäktiga mäns följeslagare och medarbetare. Den suveräna makten är ju så förbannat potent, och ren och skär potens får det nog att kvillra i kroppen på både män och kvinnor, förr som nu. (Låt oss bara inte tala om Bill Clinton.)

Jag vet inte om den stora förälskelsens ögonblick för Albert Speers del inträffade precis där vid lunchbordet, som han vill komma ihåg det i efterhand. Kanske var han där och då ändå mest överväldigad av Hitlers uppmärksamhet, som vem som helst skulle vara. Omedvetet färgar han emellertid minnet av detta möte med de känslor som komma skulle, som snabbt därefter tog honom i besittning.

Jag tror det var känslor av oerhörd maskulin värdestegring, av maskulin attraktionskraft, av potens och förmåga som tändes i full brand hos Albert Speer när han vistades i Hitlers närhet. Jag tror den homoerotiska miljön runt Führern, miljön i vilken herrarna fullkomligt stänkte karlaktighet på varandra spelade roll för den fysiskt hämmade Speer, jag tror frånvaron av kvinnor spelade stor roll.

Kvinnorna, utomjordingarna, som Speer var rädd för som han var rädd för sitt veka liv, tillhörde i denna miljö männens nattsida. Förnekade, föraktade, eftertraktade som våta drömmars vällustiga skam förde de en dunkel skuggtillvaro i herrarnas undermedvetna och en förhållandevis dunkel tillvaro även i verkligheten.

Jag tror Albert Speers halvmedvetna mansfantasier företog sig en formidabel förväxlingslek: Med kvinnorna frånvarande och åtrån desarmerad på sin skräck och uttalade sexualitet fokuserade han, denna kyligt besatta man, all den passion han var mäktig på Führern i vars blickfång han blev den mest attraktiva mannen av alla i denna hypererotiska miljö av kryptokåta, dådkraftiga karlar.

Den blev ju så speciell deras relation. Ur det bullrande

följet bröt han sig ut, Adolf Hitler, och vandrade ensam till Speers ateljé, ställde sig stilla vid dennes sida och lät sig föras bort i arkitekturens, estetikens och de svindlande tankarnas rymd. Och fast herrarna aldrig yttrade ett personligt ord till varandra blev stämningen märkligt privat. De möttes kring ett gemensamt kärleksbarn, världshuvudstaden Germania.

Naturligtvis handlade Albert Speers och Adolf Hitlers känslor för varandra inte om kärlek i vanlig bemärkelse, vilken den nu sedan är. Men något oerhört starkt och mäktigt utspelade sig mellan dem i dunklet mellan spotlightarna som strålade över deras drömmars stad.

Jag tror de liksom föll in mot något de hade gemensamt i sig själva som fågeln i Tua Forsströms vidunderliga dikt (ur "Snöleopard"; 1987):

> Lövverk speglat i ögat, den brutna nacken / beskriver hur det är att vara fågel och flyga / mot ett lövverk speglat i den blanka himlen: / ett förvirrat minne av glädjen att störta / mot sitt möte med någon så lik en själv.

De var ytligt sett inte särskilt lika och dessutom var Han Führern och Speer bara en ung relativt nyutexaminerad arkitekt. Desto mer svindlande blev störtdykningen mot mötet i varandras spegelvända behov. Minnet av känslan lämnade dem aldrig så länge de levde, fast andra känslor kom och gick hos båda, och särskilt hos Albert Speer som levde mycket längre. Aldrig glömde han känslan fast de brutna nackarnas antal kunde räknas i miljoner och åter miljoner.

Om jag fäster ganska liten tilltro till ett regelrätt homosexuellt stråk i Albert Speers band till Hitler så misstänker jag att det kan ha funnits ett markant men förvisso icke medvetandegjort sådant i Hitlers svaghet för Speer.

Hitlers sexualitet får väl sägas ha varit på det hela taget

trasslig även om man inte låter sig övertygas av allehanda rykten om sadomasochistiska orgier och andra färgstarka övningar som figurerat i Hitlerlitteraturen. På Hitler förefaller Klaus Theweleits karakteristik av frikåristernas sexuella irr- och omvägar runt kvinnorna att stämma förhållandevis exakt, medan Speer ju motsvarar något mer normalt och fundamentalt i kulturmönstret, drag som fick sitt överspända uttryck i det Theweleit beskriver.

Hitlers förhållande till kvinnor var förvridet. Han var hövisk, artig, klumpig, nonchalant och skräckblandat distanserad, allt på en gång. Beundrad och hyllad inte minst av exalterade kvinnor i Tredje Riket, etablerade han aldrig något värdigt förhållande med någon kvinna utan smusslade med Eva Braun som han emellanåt behandlade mycket nedlåtande.

Det vore inte förvånande om Hitler i något skrymsle av sitt besynnerliga hjärta längtade efter män, vilkas egenskaper, fysiska och psykiska han ju idealiserade. Ser man till skönhetskulten i Tredje Riket är det ju i hög grad den nakna manskroppens formfulländning som hyllas – ofta så exponerad att snoppen bara behöver antydas.

Så varför skulle inte Adolf Hitler ha låtit sina blickar vila med välbehag på den snygge Speer och varför skulle inte en strängt tyglad sexuellt färgad trånad hos Hitler ha laddat atmosfären mellan dessa emotionellt ganska autistiska män med ytterligare några förhäxande volt, särskilt som en sådan trånad knappast helt saknade resonans hos Speer.

Scenen då Hitler och unge Speer under ömsesidig genans tvingas konstatera att Speer är gift ska enligt min mening tolkas så att Albert Speer hela tiden har vetat att hans och Hitlers relation har en gnista som inte riktigt tål sanningen, att han är en kvinnas man.

Han kanske inte identifierar den gnistan som homosexuell. Kanske är hans lidelsefulla kamratskap med Hitler, som

Speer själv upplever det, av den där febrigt heroiserade arten, som Stallards till fantasipojken inom mig ungefär: De var karlakarlar som inte behövde kvinnor!

Och så plötsligt möts de, Hitler och den vackra fru Speer! Hon går där vid sidan av sin make och gravid är hon också! Och mycket riktigt hoppar Hitler synbart till och börjar ställa frågor. Usch ja, så det kan bli!

Fast sedan, när Hitler har påpekat att Tredje Riket behöver söner och döttrar till sådana som Speer, då skrider Albert lättad till verket, ja han gör det med en alldeles nymornad lust och glädje.

Ytterligare en episod som illustrerar de intrikata erotiskt färgade laddningarna i relationen mellan Hitler och Speer förtjänar nämnas.

Som vi minns kunde Hitler lämna sin kvinna Eva Braun ensam i dagar, ibland veckor i sträck, utlämnad åt hovet på Obersalzberg som sanningen att säga föraktade henne.

Hon tydde sig till den hygglige och belevade herr Speer. Och Albert Speer blev som vi vet oerhört förtjust i henne. Han talar om henne på ett sätt som han nästan aldrig gör när det gäller kvinnor. Inte ens om sin hustru talar han i samma uppskattande ordalag.

Skulle Albert Speer bejaka en kvinna och låta sitt hjärta slå några extra slag så nog måste det vara Hitlers älskarinna alltid! Och Hitler visste om det. För långa perioder kunde han överlämna Eva Braun i Speers vård vilket i praktiken inte innebar något annat än att Speer tog med henne på någon utflykt med familjen.

Det var kyskt så det förslog. Albert Speer var ju en mycket kysk man. Fast det kunde inte Hitler vara säker på och kanske han innerst inne inte alls hade haft något emot att dela Eva Braun med Speer. Alltid kunde det ju ha smakat litet fågel!

Ja, så här har jag kommit att tänka om Adolf Hitler, Albert Speer och kärleken. Jag har gjort det med hjälp av både fakta och tolkningsmönster som erbjudits mig i all den litteratur om Tredje Riket, dess huvudpersoner samt dess angränsande fenomen som jag under tjugo år har plöjt, därmed inte sagt att jag plöjt närmelsevis allt. Jag har dragit mina slutsatser genom att lita till mina egna sinnen, mina egna minnen, min egen obrukade kärleks osvikliga näsa för de katastrofala förväxlingarna mellan fantasimänniskor och riktiga människor, mellan narcissistisk förälskelse och relation, mellan sexualitet, skuld och skam.

Självklart kan jag inte veta hur någonting var. Självklart är allt jag gissar och anar bara spekulation. För vad som pågick i Hitlers och Speers inre finns inga bevis. Om vad som pågår mellan oss människor finns aldrig bevis och först av alla lurar vi i allmänhet oss själva.

I baksidestexten till det stora verket om Albert Speer framhåller Gitta Sereny just den gåtfulla kärleken mellan två män som ett kraftfält att beakta om man vill försöka förstå Speers syndafall. Hon talar om existensen av en sådan känsla i en litet strävt förmanande ton. En eftervärld, hennes egna barn och barnbarn och barnbarnsbarn, måste försöka förstå att sådant kan förekomma, att kärlek kan yttra sig i sådana katastrofala former.

Serenys påpekande är viktigt. Ändå tror jag den gängse reaktionen på det är misstrogen: Hur kan någon någonsin ha älskat Hitler!?

Så obscent grym var naturligtvis nazismen att man inte minst i det moraliskt beskäftiga Sverige har gjort en dygd av att betrakta den helt ohistoriskt: Vi vill inte förstå! Sådant ska inte förstås! Sådant ska fördömas!

Men till nazismens oroande historia hör, att människorna som gjorde den möjlig inte var särskilt olika oss. Inte ens Hitler, som förvisso var en udda personlighet, var mer olik än att ord som kärlek kunde kretsa även kring honom.

Kärlek korrumperar. Av alla kärlekens gestalter är det den tagande, den icke givande kärleken som korrumperar mest. Det slags kärlek som omslöt Speer och Hitler med sina speglingar och förbländningar.

Det är en kärlek som saknar verklighetsunderlag, en kärlek där ingen älskar någon. Det är en kärlek som är en grandios fantasi, en maffig berättelse om Mig och Honom, en berättelse som skymmer världen i vilken den iscensätts.

Albert Speer tjänade inte Hitler därför att han var moraliskt indifferent och ställde upp för vem som helst som kunde skänka honom en karriär. Albert Speer tjänade Hitler därför att han bundit sig vid denne med ohyggligt starka band, band som snärjde och drog åt om hans personlighet, hans ungdoms bräckliga integritet tills den låg kvävd i hans krympande samvetes skräpkammare.

7

Den stora konsten föds som pärlan i en mussla, hävdar den svenske dramatikern P.O. Enquist i pjäsen ”Bildmakarna”. Runt det skavande sandkornet i sitt inre spinner musslan sin skimrande svepning av pärlemor för att slippa irritationen. På samma sätt hyser konsten en ”urberättelse” inom sig, en ”ursmärta” runt vilken ett hölje av omdiktningar och förvandlingar tar gestalt i syfte att både dölja vad det hela handlar om och låta det sippra ut i förvanskad form.

Även om jag har hävdat att Albert Speer var mera tekniker och ingenjör än konstnär ska vi inte glömma att han hade den där konstnärssidan också. Kanske kom den inte så väl till sin rätt i arkitekturen – som ju Hitler kom åt att störa i både konkret och symbolisk bemärkelse, Hitler som också drömde om konst, om att omskapa världen för att försonas med sin ursmärta – men desto bättre i den dikt om sitt liv Speer ägnade sig åt från Nürnberg och framåt.

Jag tror P.O. Enquists tes om pärlan rätt väl illustrerar det jag har försökt skildra i termer av att Albert Speer närmar sig sin sanning i smyg för sig själv. Vi vet att han ljuger en hel del i sina memoarer, att han lägger till, drar ifrån, förtiger och hittar på både här och där, även när han svarar på frågor. Men jag fortsätter att bestämt hävda att Albert Speer inte är någon lögnaktig eller otrovärdig person. Med en fruktansvärd envetenhet spinner han i allt det material han lämnar efter sig en myt om sig själv som är avsedd att täcka över hans variga sår men som också leder rätt in.

Georges Casalis, den protestantiske kaplanen i Spandau som hade ett underjordiskt förflutet i franska motståndsrörelsen, tog sig som bekant an Albert Speer under dennes två första år i fängelset i Berlin. Vi vet att han ledsagade Speer genom en skärseld de tillsammans kom att kalla "hjälp mig att bli en annan människa" och Casalis såg Speer naknare än någon annan någonsin gjorde.

Georges Casalis avslöjade givetvis aldrig för någon enda utomstående vad som utspann sig under hans samtal med Speer. Han säger emellertid att han tror att Speer ljög eller berättade halvsanningar om konkreta fakta för honom men att han vet att Speer var fullkomligt uppriktig när han talade om sin inre upplevelse av skuld och tillkortakommande.

Vari varbölden, som spricker men aldrig läks, bestod vet vi ju vid det här laget mycket väl. Albert Speer tillstår det uppenbarligen inte ens för Casalis, det han inte kan tillstå om han ska leva vidare: Naturligtvis visste jag men jag gav fullkomligt fan i det – de vanvettiga morden på försvarslösa civila, inklusive judarna!

Men det finns en anteckning i fängelsedagboken, daterad 20 december 1946, som lyder så här: "Åter kärnproblemet, allt ryms i det:

Hitler hade alltid hatat judarna, det gjorde han aldrig någon hemlighet av. Redan hösten 1939 kunde jag ha förutsett deras öde, efter 1942 måste jag ha vetat det."

Så följer en mycket minnesgod återgivning av Hitlers retorik, hur judeutrotningstemat bet sig fast, distinktare för vart år som gick:

"Särskilt efter de svåra anfallen mot Hamburg sommaren 1943 då tiotusentals civila dödades upprepade han gång efter gång att dessa offer skulle bli hämnade på judarna. Och hade jag hört på mer uppmärksamt, iakttagit noggrannare, så hade det säkerligen gått upp för mig redan då att han ville rättfärdiga de egna massmorden ... Det är för övrigt fel att föreställa sig att Hitler under sina hatiska utbrott mot judarna verkligen hade fradga i munnen vilket man alltid frågat oss om. Han kunde säga helt lugnt mellan soppan och legymerna: 'Jag ska förinta Europas judar! Detta krig är den avgörande uppgörelsen mellan nationalsocialismen och världsjudendomen. En blir utslagen och det är avgjort inte vi. Det är tur att jag som österrikare känner judarna så väl. Om vi förlorar förintar de oss. Hur skulle jag kunna ha medlidande med dem?'

Så ungefär brukade han tala ... Och hela församlingen, inte bara de lägre fiskalerna, utan generaler, diplomater, ministrar, och till sist jag själv, vi satt där och tittade allvarligt och dystert framför oss. Men det fanns också, när jag tänker efter, något av förlägenhet i det hela som när man iakttar en närstående människa då den på något pinsamt sätt avslöjar sig ... Sett ur dagens perspektiv förefaller det mig som det inte så mycket var Hitler som avslöjade sig på ett pinsamt sätt utan vi. Kanske trodde jag att han inte menade det bokstavligt, säkert gjorde jag det. Men hur kunde jag tro att hans ideologiska fanatism skulle göra halt just inför judarna? Det var alltså riktigt när jag i vittnesförhören inför domstolen sade att jag inte hade haft någon kännedom om judemorden. Men riktigt bara på ett ytligt sätt. Frågan och mitt svar på den var det svåraste ögonblicket under de många timmarna i vittnesbåset. Det var inte rädsla utan skammen över att jag så gott som vetat och ändå inte reagerat. Skammen över att jag modlöst teg vid bordet, över moralisk oklarhet, över så mycket förträngning."

Han är redan här, trettio år före Gitta Sereny och hennes forskande fråga om vad en "aning" är för någonting, tjugo år före memoarernas tillrättalagda uppgifter om Karl Hanke och "det som måste ha varit Auschwitz", fruktansvärt nära sanningen, herr Speer, bara ett sandkorn ifrån! Och även om han har daterat anteckningen till december 1946, då han ännu inte var förflyttad till Spandau utan satt kvar i Nürnberg, är det inte omöjligt att texten är skriven i det förtätade begynnelseskedet av resan in i hans eget mörkers kärna, den han definitivt anträdde med George Casalis vid sin sida och som han sedan fortsatte på egen hand på sitt musselaktiga sätt – genererande en stor livslögn som dock berättar en svidande angelägen, förvanskad men absolut sann historia om oss människor och våra samveten. Om oss människor och den bräckliga substans vi tror oss omslutna av, som vi inte kallar pärlemor utan integritet och som i verkligheten är flyktigare än en såpbubbla.

Den fråga Albert Speer ständigt återkommer till är den som antyds redan i brevet till barnen – den redogörelse för sitt liv Speer författade i väntan på rättegång i Nürnberg och som han föreställde sig som ett postumt dokument: Varför gav jag bort mig själv? I memoarerna citerar han författaren Ernst Cassierer som i en essäsamling från 1949 hade grubblat över just hans sort: Dessa begåvade män med de bästa traditioner att falla tillbaka på som slängde bort sitt viktigaste mänskliga privilegium: att vara autonoma, att bestämma själva!

Av fängelsedagboken framgår att Goethe blir en av den allt mer spränglärde Speers viktigaste följeslagare under sökandet efter den okända krater i vilken hans samvete försvann. Men konstigt nog citerar han aldrig Faust. Inte heller nämner han Faust när han tar sig igenom hela Thomas Manns produktion.

Han gör ofta så, Albert Speer, tiger om det som gör riktigt ont. Han nämner ofta Georges Casalis – med värme och med uppskattning – men han fördjupar sig aldrig i vad de har talat om.

Någonting centralt i Goethes moraliska universum är han emellertid på spåren mitt i tigandet. Speer återvänder ofta till måttlöshetens förbannelse, hur detta med att spränga de rimliga proportionerna, sin egen "naturgivna" dimension, är upprinnelsen till den eskalerande hänsynslösheten, ondskan som inte känner sitt eget väsen.

Måttlösheten är en viktig aspekt av Albert Speers moraliska haveri, något för sentida bankdirektörer, fastighetsspekulanter, och fallskärmskonstruktörer att begrunda. Men Speers öde är också i ett annat avseende nästan klippt ur Goethes tankevärld, uttryckligen ur det drama om Faust som följde diktaren livet igenom.

I Ur-Faust, den första version av historien som Goethe skrev när han var ung är också Faust från början en ung man. Lockelsen att göra en pakt med Satan, vinna världen och tro att man inte behöver betala det överenskomna priset beskriver den svenska författaren Sigrid Combüchen så här: "... man förnimmer hos honom (Faustfiguren) den inre driften mer utpräglad än den medvetna strävan; förhållandet mellan honom och Satan är kanske också intimare än i den senare versionen – två gestalter av samma kött – och grundtanken genomdrivs utan sidoblickar: Individen som förverkligar sig själv med stor hänsynslöshet gentemot omvärlden och får skuldkänslor."

Integritet och samvete är inte samma sak. Men de är förbundna med varandra. En stark integritet innefattar i allmänhet ett starkt samvete, en svag integritet ger bristfälligt eko åt rösten därinne som säger till: Du får inte! Eller: Du måste!

Visst var det i Albert Speers fall just driften, det mångförgrenade suget från Mefisto-Hitler som bröt igenom den unga integritetens tunna skal varefter 27-åringens hela personlighet rann ut i måttlöshetens ocean. Hitlers måttlöshet blev Speers och den förminskade undan för undan hans samvete med kvadraten på sin egen gränslöshet.

Det var en viktig replik gamle arkitekt Speer fällde inför modellen till världshuvudstaden Germania: "Ni har ju blivit fullkomligt galna ...!" En skugga av skuld återfaller på honom själv när sonen ignorerar anmärkningen som om han inte hade hört den. Med en närvarande och kärleksfull far hade Speer knappast utvecklat sitt väldiga idealiseringsbehov och därmed knappast heller fallit offer för Hitler.

Integritet har med sanning att göra, i varje fall med sanningssträvan. Samt med motstånd, motstånd mot allsköns sirensång som lockar oss att följa andra i stället för att följa oss själva.

Samvetet gestaltar jag som en blykula ungefär, en tung legering av tradition, förnuft, känsla, erfarenhet och inlevelseförmåga som ger oss inre stadga i ett rättsmedvetande som säger ifrån. Kanske går samvetet när allt kommer omkring inte att beskriva. Kanske är samvetet rätt och slätt Gud i oss eller beviset för att Gud finns som Immanuel Kant tänkte.

Under åren som politisk chefredaktör på Aftonbladet i Stockholm förde jag ofta diskussioner med kollegerna om vad en journalist kan göra och vad han inte kan göra med hänsyn till sin journalistiska integritet. En vanligt uppfattning var att journalister inte skulle äta middag med makthavare eller på annat sätt komma i nära kontakt med dem man var satt att bevaka.

Jag brukade hävda att integritet inte är en fråga om umgänge utan en egenskap hos en människa. Det tror jag fortfarande även om jag medger att vi alltid är betjänta av försiktighetsmått – som till exempel att begränsa umgängen eller ge akt på beroendeförhållanden – när det är av utomordentlig vikt att vi förmår bevara distansen till någon eller något.

Men vi är bara människor och även om vi försöker bevara vårt kritiska oberoende drivs vi alla i vår tillvaros ävlan av diverse andra motiv än att genomskåda våra egna och varandras bevekelsegrunder. I själva verket kämpar vi ju ständigt med behov, önskningar, ambitioner och förhoppningar som spelar vår vilja och vårt medvetande många spratt och lägger sig i vägen för sanningen, bryter ner motståndet mot allt det irrelevanta som stör verklighetsbilden och fördunklar omdömet.

Förälskelse är ett livsfarligt fenomen. Gud sig förbarme så mycket dumt man har företagit sig i detta lömska tillstånd av akut sinnesförvirring. Idealiseringsbehovet, som jag har nämnt förut, är en annan allvarlig integritetsfrätande åkomma. Idealisering och förälskelse hör ju ihop men kan också vara artskilda. Den genuina förälskelsen förblindar av närhet, idealiseringens sken däremot bedrar bäst på avstånd, den lyckade drömöverföringens lagomdistans. En nypa kysk förälskelse och en grabbnäve idealisering, alltihop blandat på en arbetsplats får vem som helst ifrån sig eller annorlunda uttryckt: Får vem som helst att ge bort sig själv.

Kanske dock inte vem som helst. Vi människor är av olika skäl olika disponerade att låta oss bländas, att lätta ankar från oss själva. Jag vet att mitt eget ankare, särskilt i ungdomen, inte var mycket att lita på.

Den kanske största utmaning vi kan råka ut för som verkligen sätter vår önskan och strävan att förbli autonoma individer på prov är olika typer av massor. Masspsykosen är ett välkänt begrepp som betecknar människans olyckliga benägenhet att överskrida sina individuella gränser, lossa på sina civiliserade hämningar inklusive sina moraliska spärrar, när hon agerar i grupp, ju större och kompaktare desto eftertryckligare.

Massans psykologi har under de drygt femtio år som gått sedan andra världskriget analyserats med särskild tonvikt just på nazismen och fascismen. Även om nazismen är otänkbar utan den mycket sakkunniga manipulation av massan som Hitler och Goebbels ägnade sig åt tror jag inte att Albert Speers svagaste punkt låg i mottagligheten för masstryck – även om han säkert inte var helt oemottaglig. Han var för mycket aristokrat för att låta sig ryckas med av skanderande folksamlingar men han hade en svaghet för den organiserade massans estetik, dess mäktiga formspråk.

Även om varken masspsykologi eller genuint gruppbeteende ger oss svar på några centrala frågor när vi diskuterar fallet Speer tror jag att dessa fenomen verkligen tål analyseras ur en ny synvinkel när vi grubblar över vilket gift som i våra dagar kan droppa in i vårt medvetande och få oss att ge vika för sken i stället för verklighet, för flockens primitiva impulser och föreställningar i stället för att tänka själva.

Människan i de stora medieberättelsernas epok kan ibland te sig näst intill genomblåst av någon annan än sig själv.

Hösten 1997 upplevde världen en medietransmitterad psykos av sällan skådat slag när prinsessan Diana hade omkommit under sjaskiga omständigheter i en tunnel under floden Seine i Paris och människomassor från Sydney i Australien till Kuusamo i finska Lappland gav sig hän åt regelrätta orgier av sorg eller snarare sentimentalitet, som är svåra att sakligt förklara: Det badades i tårar både här och där och överallt och jag tror vi har skäl att allvarligt fråga oss vad som hände?

Att mediekonsumenter världen över berördes av den unga, vackra prinsessans död är inte så konstigt eftersom såpoperan vid namn Prinsen och Prinsessan av Wales hade vevats i femton år över alla upptänkliga sändningsnät i hela universum. Men den sällsamma explosionen av vanvettigt idealiserande mytologi som omgav prinsessans frånfälle och som saltade massornas megamanifestation med många extra uns bitterljuvt snyft, skvallrar om något ovanligt, en brett utbredd hunger eller törst efter … ja, efter vaddå?

Efter en stor och enkel och överväldigande känsla, föreställer jag mig, en känsla som mättar och värmer det tjugoförsta århundradets människa, så uttråkad av de småskurna perspektiven i en sekulariserad västerländsk kultur, i en komplicerad tillvaro och drömlös vardagslunk. Gärna får det röra sig om en stor känsla som inte är riktigt riktig, som är mer av en enorm sinnesrörelse än en krävande och omtumlande emotionell erfarenhet. Alla som förlorat en närstående vet att den rasande, ångestridna sorgen är av helt annan känslomässig kvalitet än de rörelser i känslohavet som manifesterar sig i oändliga blomstergärdar och avenyer av ljus – låt vara att äkta allvar, förstämning och förundran inför döden återfanns även i det sistnämnda.

Frågan är emellertid om Dianakulten med dess storartat tragiska final upplyser oss om något mer än om människors behov av stora, enkla sentimentala känslor – i och för sig en viktig sak att bli påmind om eftersom behovet är farligt när det exploateras för maktsyften? Jag tror att gråten som steg mot häpnadsväckande många himlars skyar den där hösten 1997 till yttermera visso är det första riktigt tydliga kvittot på hur reell mediernas metaverklighet, deras berättelser om verkligheten, har blivit för människorna som konsumerar medier från morgon till kväll. Det ena går inte längre att skilja från det andra: den existerande världen och den iscensatta världen. Det beror på att ingendera är riktigt verklig men ingen av dem är heller fiktiv. Allting liksom virtualiseras i våra skallar, ser ut som verklighet och är det också fast återgiven med alla återgivningens felkällor.

Prinsessan Diana var en av de odiskutabla huvudpersonerna i en av de riktigt stora följetongerna i vår virtuella tid. Hon kallade sig hjärtats prinsessa vilket mest ter sig som nonsens. Prinsessa av Wales var hon till namnet men icke till gagnet. Hon var medieprinsessa, varken mer eller mindre: skygg och skön, fräck och barnslig, romantisk och självdestruktiv i en röra som ingen medial manusförfattare kan motstå.

En sådan sagofigur ska inte kunna dö, allra minst vid sidan av en ökänd playboy i baksätet på en svart Mercedes körd i vansinnesfart av en full chaufför.

När så skedde uppstod ett verklighetshål i dikten som först tycks ha gjort en hel värld fullkomligt ställd. Sedan tjöt den sitt unisona: ”Neej, fel! Så skulle det inte gå!” Därefter måste denna bestörta känsla av snopen förtvivlan fyllas av ett värdigt innehåll i paritet med den irrationella upplevelsen av personlig förlust. Diktandet tog vid, än en gång under mediernas ledning: Prinsessan Diana var en ängel, en klart lysande låga i en mörk värld, flämtande och utsatt i dess snåla vindar. Saken blev inte sämre av den inramning brittiska kungahuset tvingades bjuda på, mor som prinsessan på vift var till Storbritanniens blivande monark.

Det var i sanning ingen dålig historia. Varför inte låta sig ryckas med när den nu en gång serveras en var minut och var sekund man råkar kasta en blick på en TV-ruta eller ett kvällstidningslöp.

Nej, historien som sådan är inte oroväckande. Men fenomenet är det. Fenomenet att fiktionalisera det liv och de omständigheter man lever i. Ens samtidskritiska förnuft slås ut liksom motsträvigheten mot myterna, sanningskompassen, som blir snurrig av falska magnetfält.

Albert Speer och Adolf Hitler såg på sin tid sig själva som agenter i en stor och skön historia. Arkitekten vid sitt ritbord, inför sin detaljerade miniatyrmodell med Führern vid sin sida lät sig slukas av fiktionen om framtiden som redan var nutid så till den grad att inget annat var verkligt. Låt oss i förbigående påminna oss att både Hitler och Speer var känslomässigt karga men lättrörda i sentimental bemärkelse.

Visst, skillnaden är stor – Hitler och Speer såg sig själva som historiska gestalter, de lapade inte bara historieromantik ur en följetong på TV. Vi ska inte pressa fram några paralleller.

Men en sak tror jag mig veta om detta med integriteten som är ett av nyckelorden i hela denna framställning: Vad som rycker i den personliga autonomins fäste är alla de influenser som får oss att trolla bort verkligheten, den alltid lika snåriga, dubbelbottnade, kluvna och oöversiktliga: de stora berättelserna, den förföriska estetiken, de stora känslorna, de idealiserade gestalterna, de demoniserade gestalterna, de enkla sanningarna, det massiva trycket av alla runt omkring som vet precis hur allting är.

Vi har mycket sådant tätt inpå oss i de oupphörliga medieberättelsernas tid.

III

Samvetets halveringstid

Låt oss än en gång återvända till episoden vid Christa Schröders skrivbord våren 1941, då Heinrich Himmler praktiskt taget ramlar ut genom dörren till Hitlers ämbetsrum och dimper ned på närmaste stol.

Under en av dessa seanser mellan fyra ögon, som Albert Speer i efterhand minns som ytterst hypnotiska, har Hitler utfärdat och Himmler mottagit ordern om judarnas fysiska förintelse.

Och SS-Reichsführern är tillintetgjord! För hur konstigt det än kan låta i våra öron, vi som i efterhand bara sett honom på bild och lärt oss att betrakta honom som grymheten själv, så har Heinrich Himmler ett samvete! Ett samvete som säger till. En röst inom sig som klar och genomträngande protesterar: Nej! Det kan man inte göra! Man kan inte! Kan inte!

Och vi minns att han begraver ansiktet i händerna den strame, stele SS-chefen och stönar: Min gud, min gud, vad begär han av mig!

Han behöver samla sig några minuter innan han kan resa sig upp och gå.

Två år senare står han sammanbiten och obeveklig framför sina våldsamt illamående distriktsledare i Posen och manar dem till självövervinnelse i moralens namn, en tacksam eftervärld till offer: Visst, det är otäckt när liken blir så många men det är just här, inför travarna av döda som vårt mod och vår beslutsamhet prövas. Just självövervinnelsen är kvittot på vår anständighet.

Vad har Heinrich Himmler gjort med sig själv under de här två åren? Vad händer i en människas själ när samvetet faller sönder?

Heinrich Himmler var en rigid, fanatisk och emotionellt deformerad personlighet, en nazistisk prototyp i en utsträckning som Albert Speer aldrig kom i närheten av. Hur Himmlers samvete slog ihjäl sig under hans vildsinta akrobatik med moralbegreppen har kanske inte så mycket att förtälja om Speer och ännu mindre om oss normalare människor i normalare tider.

Likväl är det av intresse att även denne man hade en instinktiv motvilja mot de yttersta av övergrepp en människa kan begå mot en annan människa. Även denne man hade en inre gräns att forcera, en vallgrav mellan allt han dittills tänkt och känt kring human civilisation och den mörka mänskliga provins han övertalade sig att beträda.

Också Rudolf Höss, kommendant i Auschwitz, det lokala gasningsprojektets verksamhetsledare på fabriksgolvet om uttrycket tillåts, ägde ett samvete. Han ägnar stora delar av de hågkomster han skrev ned i häkte före avrättningen just i Auschwitz 1947, åt att beskriva mänskliga handlingar och beteenden som gjorde honom upprörd, minnen av smärtsamma ögonblick då han ställdes inför kravet att övervinna sitt naturliga motstånd mot att göra vissa saker.

Rudolf Höss är också en trångbröstad personlighet – ihjäluppfostrad av en far som var besatt av lika delar preusseri och katolicism – men han var absolut inte likgiltig inför brutalitet han såg utövas mot fångarna i de många läger där han tjänstgjorde och vad Auschwitz beträffar andas språket i hans skildringar rätt och slätt ont samvete. Det andas inte skuld för därhän kom aldrig Rudolf Höss men fruktansvärt ont samvete.

Den sedan länge i Storbritannien verksamme polske

sociologen Zygmunt Baumann hävdar i sin bok ”Auschwitz och det moderna samhället” att ondskan i allt väsentligt är en social produkt. Samvetet förgiftas utifrån och det kan ske med vem som helst.

Baumann hänvisar till den amerikanske forskaren Millgrams berömda experiment med studenter och akademiker som fick order om att ”tortera i forskningens namn”. Det för alltför långt att här återge experimentet i detalj men dess poäng var att människor, om de var övertygade om att de tjänade Vetenskapen och dessutom litade mycket starkt på sin projektledare, kunde fås att ge i princip dödliga elektriska stötar åt en annan grupp försökspersoner för att utröna hur fysiska bestraffningar påverkar inlärandet. Processen var givetvis successiv (och fejkad vilket ”torterarna” inte visste): Först en knappt märkbar stöt som korrektiv vid ”fel” beteende och sedan undan för undan en allt starkare – under offrens illusoriska skrik och stön – till livsfarlig. Bara en tredjedel av ”torterarna” avbröt på vägen, resten gjorde som de blev tillsagda.

Enligt Baumann består den kraft som paralyserar rättskänslan av auktoriteten eller någon annan liknande utifrån verkande omständighet som får oss att substituera det personliga samvetet med ett annat av mer generell eller kollektiv natur. I stället för att hålla oss till vår personliga kompass när det gäller rätt och fel börjar vi snegla på en ”större”, ovanom oss av högre kvalitet. Det är med blicken fastnitad vid denna stora urtavla som vi personligen går vilse i medmänsklighetens terräng.

Baumann hävdar vidare att vi inte faller offer för det här ödesdigra utbytet av samvete enbart under auktoritära förhållanden av det slag som rådde i Tyskland och Sovjetunionen för ett drygt halvsekel sedan. Vi är också bra på att låta vårt personliga ansvar och vår personliga förmåga att tänka efter övertas av stater, byråkratier och stora organisationer som starkt vädjar till vår lojalitet. I det moderna samhället där människor ingår i toppstyrda sturkturer, från politiken över förvaltningen till industrin, bygger vardagens ordning i hög grad på lojalitet, menar Baumann. Därifrån är steget inte långt till att lojaliteten blir sin egen moral, den personliga kompassen byts än en gång ut mot något större och absolut otillförlitligt.

I Spandau grubblar Albert Speer under några intensivt självplågande dygn i femtiotalets början över lojalitetens väsen och konstaterar bittert att han alltför sent förstod att den enda lojalitet som bör finnas är den som omfattar den personliga moralen. Man anar sandkornets molande värk.

Zygmunt Baumanns provokativa slutsats är den att vi alla under olyckliga omständigheter kan värvas till Auschwitz och att folkmordet till sitt väsen är en modern industri, där teknifiering, rationalisering, distans och anonymisering ingår. Samma slutsats drog för övrigt teologen Richard L. Rubinstein i sin bok "Förintelsens lag" från 1975.

Till Zygmunt Baumanns iakttagelser av det sönderfallande samvetets sociologi finns inte så mycket att tillägga även om jag personligen är benägen att modifiera en del slutsatser.

Till det moderna samhället hör, vid sidan av allt Baumanns elände, även exempelvis demokratin och yttrandefriheten – invändningen och diskussionen – som enligt Baumann själv bevisligen förhindrar det mesta av de ödesdigra utväxlingsoperationerna med våra inre kompasser. Vidare är jag inte absolut säker på att de flesta av oss skulle gå att rekrytera till Auschwitz även om jag inte bestrider Millgrams undersökningsresultat och inte heller samvetets omvandlingar, dess förstoring till dimensioner som gör att det inte längre går att urskilja. Min egen mer psykologiska än sociologiska orientering har nämligen sagt mig att det fanns en psykopatologi i nazismen som i allra högsta grad var kulturbetingad och sålunda ett socialt problem mer än ett individuellt men som lik förbannat selekterade en viss personlighetstyp till vissa uppgifter. En uppburen och socialt välfungerande personlighetstyp men annorlunda än de personlighetstyper som selekteras för framgång i dagens demokratiska Europa.

Jag menar att nazismens psykopatologi hade en sexuellt besatt underström som innehöll lidelse, skräck och kvinnofientlighet – både hos män och kvinnor – av det viktorianska och neurotiserande slag som Siegmund Freud faktiskt visste mycket om hur vi än häcklar honom idag. Nazismen hämtade naturligtvis mycket inspiration från trädgårdsmästardrömmen om ett samhälle städat och ansat och klippt och skuret utan tillstymmelse till ogräs, som Zygmunt Baumann nämner. Men ändå är nazismen ingen ren produkt av den drömmen. Nazismen byggde så mycket mera på skräck för kräldjuren. Allt det där våta och hala inom oss som lockade och drog och skrämde till hårdhet. Att juden genom århundraden kommit att stå som sinnebild just för det hala, sliriga, obetvingliga och gränsöverskridande, det som blir objekt för de ängsligas febriga renhetsdrömmar, framhåller Zygmunt Baumann själv.

Zygmunt Baumanns redogörelse för det sönderfallande samvetets sociologi och socialpsykologi är briljant och bestickande. Den träffar med stor sannolikhet rätt när det gäller att förklara varför så många små kuggar så beredvilligt ställde sig till förfogande för ondskans maskineri. Men den räcker inte till när vi ska försöka förstå hur det såg ut inuti de människor som drev nazismens projekt, de som faktiskt skulle styra och hålla saker och ting i sin hand under lång tid, de som faktiskt skulle kreera hela utrotningen.

För de visste hela tiden att det var något oerhört de gjorde. De visste att de höll på med någonting så ohyggligt att historien aldrig skulle nämna det vid dess rätta namn. För det var väl så Himmlers tal i Posen om att ingen skulle komma att tacka dem skulle förstås? Och de allra flesta av dem som ombesörjde allt detta tyckte att det var så fasansfullt vedervärdigt. Den inre vallgraven som skulle forceras var faktiskt så djup och så bred att man kan undra hur de här människorna bar sig åt när de tog sig över. Självklart rör det sig om en successiv process.

Låt oss följa Rudolf Höss ett tag och se vad som hände.

Ännu i häktet 1947, efter flera tusen gasningar av judar och zigenare, minns Rudolf Höss med kallsvetten i pannan den första arkebuseringen av en kommunistisk fånge som han tvingades övervaka i koncentrationslägret Sachsenhausen, cirka tre mil norr om Berlin. Fången betedde sig lugnt och värdigt inför exekutionsplutonen och Höss gör reflexionen att denne man står för sin övertygelse precis som han själv står för sin, den nationalsocialistiska.

Trots det stiger Höss fram och ger, utan att darra på manschetten, den avrättande nådaskottet rätt i huvudet med sitt tjänstevapen, som brukligt är vid arkebuseringar.

Skakar som ett asplöv gör han emellertid när han tvingas göra samma sak med en SS-man som av misstag blev skyldig till en fånges flykt. SS-mannen är god vän till Höss, ”en fin man, en godhjärtad lägervakt” vilket bidrog till hans missöde.

Höss är absolut svimfärdig inför sitt uppdrag. Men han biter ihop och utför det. Han försäkrar sig om att ingen såg att pistolen var ostadig i hans hand när han sköt. Efteråt tränar han sig än hårdare i att hålla masken även när hela hans inre är i uppror över vad han nödgas se, höra och göra.

Han fick rykte om sig att tillhöra de känslolösas skara, Rudolf Höss. Det var ett totalt missförstånd, totalt, försäkrar han kränkt. Gudarna ska veta att han kände både det ena och det andra. Men han skämdes för sin svaghet och efter tusen och åter tusen gasningar ”står denna avrättning alltid för mig som en symbol för den självövervinnelse och obönhörliga hårdhet som fordrades även i fortsättningen", avslutar Höss.

"Kommendant i Auschwitz" är obehaglig läsning främst därför att den avslöjar hur en inskränkt samhällsatmosfär och stelbent, auktoritär kulturtradition befäster orörligheten i intellektet och fördomsfullheten i föreställningsvärlden hos en inte alltför begåvad ung man som uppenbart har problem med sitt känsloliv.

Med över femtio år av värderingsförskjutningar i backspegeln ter sig Höss utgjutelser om judar, zigenare, homosexuella, förbrytarnaturer, lastbara karaktärer, veka halvexistenser, feminina bastarder och så vidare groteska. Till en del var de det också på hans tid. Men bara till en del.

I breda lager av den europeiska civilisationen var dessa termer fullt gångbara kategoriseringar av människor, även om man kanske inte uttryckte sig lika aningslöst naket som Höss gjorde. Steriliseringsdebatten i Sverige hösten 1997 bekräftade än en gång detta.

En av många anledningar till att Rudolf Höss och alla de andra kunde genomföra morden på sex miljoner judar och ett antal miljoner andra civila var denna syn på människovärdet som givetvis delades av alla i den nazistiska maktapparaten. Även av Albert Speer som ju tillstod att han i sin makts dagar inte betraktade slavarbetarna i sina fabriker som invånare på samma mänskliga planet som han själv. Dessutom bör vi säkert än en gång påminna oss att kriget i sig brutaliserade människosynen.

Att Höss fasansfulla gärning som kommendant i Auschwitz underlättades av att han föraktade många av sina offer ur djupet av sitt stelfrusna hjärta saknar emellertid betydelse för vår diskussion om samvetet. För mitt i allt Höss utan samvetsbetänkligheter företog sig hyste han svåra betänkligheter mot mycket, och hans metod att tysta dessa betänkligheter är av intresse för oss.

Man kan alltså inte avfärda Höss med att hans sjuka människoförakt måste ha gjort det lätt för honom att övervinna sina eventuella invändningar. Visst, så skedde oerhört ofta. Men han mördade även dem han inte föraktade, han mördade även dem han aktade och hur det gick till ska vi skärskåda.

När Rudolf Höss flyttas från Sachsenhausen till karantänanläggningen Auschwitz i maj 1940, blir hans allt överskuggande uppgift att bygga ut komplexet till ett regelrätt koncentrationsläger. Mängder av människor som behöver interneras är på ingång – alla kategorier från förföljda befolkningsgrupper i moderlandet Tyskland till krigsfångar finns med – och Höss får mycket att stå i. I det här skedet är gasugnar och krematorier ännu inte aktuella.

Återbördad till Polen, inför rannsakningen i Warszawa sju år senare, är Rudolf Höss fortfarande förbannad på Himmler och på sin närmaste chef vid koncentrationslägermyndigheten i Berlin, Richard Glücks: De vräkte över honom alldeles för mycket folk! På tok för mycket!

Det gick ju inte att hålla ordning på någonting när människorna vällde in, vissa dagar i tusental. Barackerna drog inte så många och även om tvångsarbetarna från de ockuperade länderna slet som djur hann de inte bygga till i den takt som krävdes.

Dessa var ju därtill i så förbaskat dåligt skick! Fast Höss försökte späda på deras matransoner och åstadkomma olika isoleringsarrangemang för att de inte skulle smitta varandra med sin eviga dysenteri så raglade de helt utpumpade omkring i lägret för att sedan dö inför kommendantens ögon.

Och något riktigt vaktmanskap hann man ju inte heller utbilda! Det var de sämsta i SS-manskapet som blev vakter, de korrupta och sadistiska, inte de bästa som Höss hade velat om tiden räckt till för omsorgsfull selektion.

För Rudolf Höss ville vara proffs som chef i Auschwitz. Han ville bygga ett väl fungerande koncentrationsläger. I ett sådant håller inkvarteringen en hyfsad standard. Där gäller regler för interner, för vakter och för kapos – "förtroendefångarna". Där belönas ärlighet och ansvarskänsla, inte bestickIighet och pennalism. Där råder förutsägbarhet och klar ordergång. Där tolereras inget godtycke, inte motsägelsefulla direktiv, inga nepotistiska intriger.

Fångar skulle behandlas väl, inte illa, ansåg Höss. I varje fall så länge de gjorde som de blev tillsagda, vilket de flesta gjorde. Och gjorde de det inte skulle disciplinstraffen vara konsekventa, utmätta efter etablerad, på förhand känd skala.

Ja, han var mycket ordningsam, Rudolf Höss. Och dygdig, som den norske författaren Arnulf Överland påpekar. Om något gjorde honom vansinnig i Auschwitz så var det skörlevnaden och superiet som möjliggjordes av den allmänna villervallan. Det skulle inte knullas runt i lägret som vore Auschwitz en kaninfarm, ansåg Höss och beklagade sig indignerat hos Glücks som tyckte att kommendanten var onödigt pedantisk.

Någonting började slå knut på sig självt i Rudolf Höss mentala, för att nu inte säga moraliska bokföring i och med att han tyckte sig tappa kontrollen över vad som pågick i hans läger. Fast ännu hade ju inte det där med utrotningen dykt upp. Det eländet kom Himmler vältrande med först på sommaren 1941.

Emellertid hade det dödats rätt massivt i Auschwitz redan innan utrotningsordern kom, låt vara att det var mer ordinära avrättningar Höss fick sköta – arkebuseringar av påstådda desertörer och förrädare, något som ju varit officerares tunga plikt i alla krig. Även detta svämmade dock över alla bräddar efter hand och Höss mådde definitivt inte bra.

Soldaterna i exekutionsplutonerna belastades för hårt, de söp sig fullare och fullare för varje kommendering, med påföljden att det slarvades och vådasköts väldeliga. Att med tjänstevapnet i högsta hugg jaga blödande och flyende delinkventer, som flög och for över halva koncentrationslägerområdet likt nackade höns, var ju inte riktigt vad en kommendant ansåg sig vara till för och Höss missnöje djupnade.

Inte ens inför sin domedag förmår sig Rudolf Höss att tala om hur utrotningsordern nådde honom. Inte ens att den nådde honom. Plötsligt berättar han bara vilken lättnad i avrättningsbestyret det blev när någon hittade på att gasa en kontingent ryska krigsfångar i källaren till en tvättbarack.

Att slippa blodet var viktigt och vid nästa operation kunde han själv konstatera hur lugnt döden inträdde. Därför var det med stor tillfredsställelse han fann att gasningsanläggningar och krematorier ingick i planen för den enorma lägerstaden Birkenau som han fick order om att anlägga intill Auschwitz. Likvideringarna skulle ju där nå en förut okänd omfattning – och som sagt, det var viktigt att slippa blodet.

Men han nämner RFSS besök på sommaren 1941. (Höss använder alltid denna förkortning av gradbeteckningen Reichsführer SS när han talar om Heinrich Himmler, som om hans överordnade inte var människor utan kodade mekanismer i en opersonlig beslutsapparat. Så blir också han själv en kodad mekanism i sitt förintelsemaskineri, vilket inte är oväsentligt när vi diskuterar samvetet. Det har bland annat Rubinstein och Baumann övertygande visat.) Han nämner att han beklagade sig över allt möjligt för RFSS. Främst över att insatserna som krävdes av honom inte stod i proportion till resurserna han fick. Hela verksamheten växte honom över huvudet. RFSS visade ingen förståelse för hans situation.

Härefter följer ett textavsnitt som handlar om Rudolf Höss tilltagande depression. Han blir allt mer misantropisk och oberäknelig till humöret. Han är bittert besviken – på vad får vi aldrig veta. Varken spriten eller hästarna – hästarna som lyssnat till hans nöd och dövat så mången smärta sedan pojkåren – är längre till någon tröst.

Man behöver inte vara utrustad med psykologisk röntgenblick för att fatta vad Höss talar om. Han talar om utrotningen och om dess psykiska påfrestning. Hans hustru lägger märke till hans förändring och är påtagligt bekymrad. Men detta kan han inte dela med sin fru. Detta kan ingen anständig människa dela med någon annan. Knappt ens med dem som utfärdat ordern.

Därefter övergår Höss till att ingående beskriva administrativa detaljer i utrotningens mångförgrenade miljonprogram varav det kinkigaste var att hålla offren ovetande så länge som möjligt.

Egentligen var det rysligt jobbigt vare sig det lyckades eller inte. För var de alltför ovetande skar det i Rudolf Höss hjärta: Barnen som glatt lekande försvann in i gaskamrarna.

Usch ja! Fast Höss föredrog ändå det framom tårarna, bråket och skriken som också förekom.

Nåväl, så är vi då framme vid slutstationen för Rudolf Höss samvete. Framme vid sopstationen – krematoriernas mänskliga avfallshantering. Låt oss dröja ytterligare några ögonblick vid anhalterna på vägen dit.

Utgångspunkten är naturligtvis personligheten Rudolf Höss. Frikåristen som skydde människor men tydde sig till hästarna, kåren, plikten och fosterlandet.

Att någonting är gravt på tok med hans känsloliv står klart direkt. I tomt ekande ordalag beskriver han sina föräldrar som de bästa tänkbara och sina systrar som tillgivna, särskilt honom, men, påpekar han nästan petigt: I ärlighetens namn måste han tillstå att han aldrig lärde sig tycka om dem! Hans fars död – Höss var då tretton år – rörde honom inte i ryggen. Systrarnas flickaktighet väckte hans motvilja.

Helt enligt formulär 1 A i Klaus Theweleits undersökning av frikåristernas sexuella fantasivärld förlorade Höss sin svendom till en sjuksköterska och gifte sig kyskt med systern till en god vän. Vad han inte berättar är att han i Auschwitz hade ett förhållande med en judisk kvinna – mitt i kyskheten var det ju de föraktade kvinnorna som tände dessa mäns begär.

Att Rudolf Höss var emotionellt störd kunde utgöra en liten tröst för den som vill förklara hans gärningar med psykisk morbiditet. Som bekant är emellertid den kvinno- och känsloskräck han lider av, den rädsla för de varma flödena som Theweleit dokumenterat, så allmänt utbredd att företeelsen blir oroväckande och saken blir inte bättre av att alltihop mynnar ut i en idealbildning som harmonierar klockrent med allt ädelt, stort och modigt som hans kultur har hyllat och hyllar.

Om du får välja mellan att svika ditt fädernesland eller svika en vän – vilket väljer du? Om du får välja mellan att svika din plikt eller din familj – vad gör du? Om du får välja mellan att vara lojal mot dina kamrater även när det smutsiga jobbet ska göras eller att sälla dig till dem som vänder sig bort i avsmak, hur beter du dig?

Å, det är först mycket sent på jorden som det blivit politiskt korrekt att välja de senare alternativen.

Just det sättet att ställa de moraliska frågorna är ju själva kärnan i den auktoritära traditionen, både den politiska, kulturella och inte minst religiösa: Böj dig för det överhöga, övervinn det personliga. Se den högre dimensionen, glöm ditt futtiga motstånd! Lyd för lydnadens egen skull, besegra din vilja och svälj dina frågor!

De här tänkesätten har ju dess bättre synts vara på retur i Europa – i varje fall tillfälligt – under det senaste decenniet men vi behöver ju bara minnas DDR för att bli varse hur starkt de gjort sig gällande just i tysk tradition genom alla tider, och för all del inte bara i tysk!

Låt oss notera en omständighet till i den här nedärvda

auktoritära livshållningen. Där den har utnyttjats för att etablera militär eller paramilitär diktatur i ett samhälle mobiliserar den snabbt den gruppdynamik som berördes i föregående kapitel till sin hjälp för att tysta invändningar och åstadkomma lydnad. I grupp blir ju människan som vi konstaterat en fåraktig figur – fast ett farligt får.

Även om vi i efterhand inte kan finna annat än att Rudolf Höss var behäftad med psykopatiska drag – något som i allra högsta grad gällde även Heinrich Himmler, som ju också ägde något av den förfärliga karisma psykopater ofta besitter – så var det en psykopati som hans samhällsordning, stödd av tusenårig kulturtradition, tillgodogjorde sig på bästa sätt och förvandlade till dygd.

Och där tror jag vi har den, den första och mest ödesdigra anhalten i samvetets färd mot krematorierna. I begynnelsen var dygden, exercerad i det auktoritära kollektivet, tillägnad den förklädde Mefisto, så förvirrande lik en gud eller ett tusenårsrike att människor i hans namn kunde göra vad som helst – med sammanbitna tänder men icke desto mindre vad som helst.

Rudolf Höss var en man som ville göra rätt. Och rätt var den princip eller de principer han tillägnade sig från det kollektiv han bejakade och som bejakade honom. Att göra rätt var ett värde i sig. Att göra det till varje pris. Att göra rätt i kamp med frestelsen är ju dygdigheten själv, dygd i dess högsta potens. Och vilken var då frestelsen – vid sidan av att lägra kvinnliga, judiska interner, en frestelse han tillät sig att falla för – jo, att tvivla på att man gjorde rätt.

Alltså fick man späka sig litet till och stå ännu stramare inför nästa vedervärdiga uppdrag.

Som sagt var: För ögonblicket är den auktoritära människan inte politiskt korrekt. För ögonblicket värderas inte dygdens moraliska akrobatik i lufttomt rum särskilt högt – tack och lov!

Men gruppbeteendets avtrubbande inflytande på vår vilja och förmåga att tänka själva lever vi med, som sagt, var minut och var sekund i de likriktande massmediernas tidevarv.

Och vi ska inte vara alltför säkra på detta med den rabiata dygden. För även om vi inte gillar dygdiga tennsoldater av Rudolf Höss sort, så hur ser tankefigurerna ut i det kritiska uppdrag medierna anser sig förvalta?

De handlar, som vi sett, gärna om änglar och demoner. Prinsessan Diana å ena sidan och Sigvard Marjasin, Mona Sahlin och Ulf Sundqvist å den andra. I varje fall Mona Sahlin blev regelrätt utmobbad ur Sveriges regering på grund av medialt överfört, epidemiskt dygderaseri.

Historien upprepar sig inte. Jag oroar mig inte för att den regelrätta nazismen (som är något helt annat än den provokativa härmning socialt marginaliserade, våldsdyrkande män ägnar sig åt företrädesvis i Europa under emblemet nynazism) ska återuppstå inom det närmaste århundradet därför att nazismen länge än kommer att förbli en fara vi känner igen och därför aktar oss för.

Vad vi behöver betänka är farorna vi inte känner igen. Och för att få syn på dem ska vi hålla ögonen på något av det som försatte Höss och Himmlers samvete i spinn: Den förklädde Mefisto, som kan vara en ren och gnistrande klar berättelse om de onda och de goda samt gruppdynamiken, som enbart kan gå ut på att alla i ljuv gemenskap lever sig in i berättelsen. Berättelsen om vilka som ska inneslutas och vilka uteslutas, vilka agnar som ska skiljas från vetet, den funktion stora berättelser haft sedan urminnes tider. Jag tror att lockelsen i de krafterna träffar oss i något mycket ursprungligt mänskligt. Urmänskligt.

För den autonoma, kritiskt ifrågasättande människan är när allt kommer omkring en sen företeelse i vår civilisation, en produkt av 1700-talets upplysningsideal, ett ungt projekt initierat av liberalismen.

Ungt och sannolikt mycket bräckligt.

Om Dygdepolisen, skapad av personlighet, samhällsordning och idealbildning inleder den successiva nedbrytningen av Rudolf Höss personliga samvete, får denna under åren i Auschwitz assistans av en mycket effektiv kompanjon: Massan!

Höss klagar som vi vet tidigt över mängden människor som slussas till Auschwitz och den erosion av alla regler och principer för beprövad koncentrationslägerdrift som blir följden. Vad han inte berör i klara verba men ändå är vagt medveten om mellan raderna i sin text är sin egen successiva demoralisering inför dessa människomassor.

Demoraliseringen går i två riktningar. Å ena sidan blir Höss hårdare och mindre samvetsgrann när det gäller de metoder med vilka han desperat försöker hålla ordning i det hotande kaoset. Kollektiva bestraffningar, oproportionerligt hårda bestraffningar, som inte hör hemma i en god auktoritär ordning, blir vardagsmat. Å andra sidan blir han avtrubbad när han inte med bästa vilja i världen kan inkvartera tvåtusen i utrymmen för femhundra. Han får börja strunta i hur folk har det. Det i sin tur går givetvis lättare när massan är så stor att den saknar ansikten.

Paralyserad av sin rigida personlighet, sin brist på tänjbarhet och flexibilitet, kände sig Rudolf Höss säkert ytterligt trängd, outhärdligt pressad när han befann sig i en situation där han skulle fixa något han inte riktigt kunde fixa. Han blev alldeles svettig och förtvivlad och sömnlös och bitter.

Och vad gör en människa, vars hela liv och känsla av egenvärde är bundna vid att väl utföra ett Stort Uppdrag, när hon finner att hon inte kan? Att det är omöjligt? Jo, hon börjar gå över gränser som dittills tett sig okränkbara. För att klara det lägger hon verkligheten till rätta för sin blick så att det hon gör ter sig absolut nödvändigt.

Han började ju uppfatta dem som ohyra så småningom,

de här främlingarna från mycket nära och mycket fjärran och med tilltagande känsla av maktlöshet såg han dem krylla allt mer okontrollerat överallt.

Så när utrotningsordern kom... Då var han sedan länge mentalt förberedd att lösa ohyreproblemet på vilket jäkla sätt som helst bara det blev löst!

Ja, maktlöshet handlar det om vid vår andra anhalt på vägen mot brännugnarna där allt mänskligt förgås. Maktlösheten inflätad i makten och måttlösheten som fäller ut ett slags desperat verkställighet. Det är i och för sig inget särskilt nytt. Mellanskikten i hierarkiska beslutssystem har alltid varit de farligaste därför att de känner sig klämda mellan överheten och verkligheten och blir just ifrån sig.

Resultatet i fallet Höss blir bara så förryckt därför att allting var så groteskt till storlek och innehåll.

Den måttlöshet Albert Speer funderar över under sin vandring runt, runt i det väl nötta 270-metersspåret på Spandaus gård är av litet annan art än den Rudolf Höss i huvudsak kämpar med. Men ett element av den måttlösheten återfinner vi även hos kommendanten i Auschwitz.

När man tar i för mycket ligger hänsynslösheten i tangentens riktning därför att man blir helt storhetsblind, små detaljer som vardagen och andra människors väl och ve blir en likgiltiga. Det är kontentan i Albert Speers funderingar kring sin egen megalomani.

I Rudolf Höss grymma hantverk var också magnituden i sig ägnad att blanda bort det reflekterande samvetets kort särskilt som det övriga kaoset redan var stort nog. Uppdraget var så väldigt att det blev just ett väldigt uppdrag och inte en lindrigt sagt vedervärdig behandling av människor.

Då är vi framme vid den tredje anhalten på vår resa mot människans underjord. Hela Det Stora uppdraget hade aldrig gått att genomföra utan det industriella draget i den process som kännetecknade utförandet. På den här punkten finns inget att tillägga utöver det Zygmunt Bauman har skildrat i "Auschwitz och det moderna samhället". Han visar hur just de moderna tidernas effektiva och avpersonifierade löpandeband-metoder med avsevärd teknisk innovationskraft inbyggd, var själva förutsättningen för att en mycket gammal och primitiv etnisk tvångstanke skulle kunna växa till det totala vanvett som kom att ta form.

Den etniska tvångstanken var liktydig med judehatet, lika gammalt som kristendomen, fast varierat genom seklers växlande kulturtraditioner. I grunden är det en funktion just av vår mänskliga men föga smickrande sociala benägenhet att "utesluta" och "innesluta" människor och grupper i syfte att legitimera oss själva och vårt samfunds sätt att vara, leva och tro.

Judehatets väsen ska jag inte utveckla här fast Zygmunt Baumann beskriver dess anatomi på ett fascinerande sätt. Det viktiga i det här sammanhanget, när vi diskuterar Höss – och Himmler och Speer och inte minst oss själva – är bilden Baumann framkallar: Där ser vi det tjugonde århundradets briljante ingenjör, med sin rationella och instrumentella syn på världen – allt kunde man pula med, förbättra, förändra, strömlinjeforma, ja till och med livets innersta väsen såsom det genetiska arvet kunde man fixa och frisera – ingå förening med en ariskt skön prinsessa som i verkligheten var en vålnad från det primitivaste häxeriets, den fördomsfullaste förföljelsens dagar och så avlade de tillsammmans Auschwitz, Birkenau, Dachau, Treblinka och alla de övriga monstruösa barnen.

Och mycket riktigt: I sitt kryllande koncentrationsläger står Rudolf Höss på sommaren 1941 med ordern från häxmästaren själv, herr Himmler, i sin hand. Och han är själaglad över att någon kom på det där med gasen. Tänk vad rent och snyggt och kliniskt det plötsligt blev att avliva folk! Gud vad viktigt det ändå var att slippa allt blodet!

Så många fler anhalter var det väl inte förrän Rudolf Höss var framme vid sin sopstation. Det gick på det hela taget förhållandevis snabbt och monotont som tåget.

Inför sin avrättning sex år senare grubblar Rudolf Höss en hel del över vad han gjorde, inte gjorde eller borde ha gjort. Över rätt och fel. Och när det nu så massivt påpekas för honom att hans gärningar var brottsliga så är det inte utan att något slags talgdank går upp för honom. Fast ändå – det ska gudarna veta att han ständigt i sitt stilla sinne protesterade mot mycket av det han tvingades göra och att Himmler nog inte hade någon aning om vad han utsatte folk för.

Men han levde och verkade som han hade lärt sig leva och verka. Efter bästa förmåga. Så rätt som möjligt.

Som vi vet var Albert Speers relation till Mefistofeles av en betydligt personligare karaktär än Rudolf Höss. Hos honom är det passionens förväxlingslekar och självbespeglingens förbländningar som skickar varje invändning mot Hitler och hans egen verksamhet till månen.

Den rigida tennsoldatens dygdiga självövervinnelse går inte att applicera på Speer när man diskuterar hans samvetes totalförlamning – men så var inte heller Speers gärningar att jämföra med en Himmlers eller Höss.

Däremot vet vi vid det här laget hur tvingande starkt bandet till Hitler blev under arkitektårens klang och jubel-tid och Speers vilja till lydnad ska säkert inte underskattas. Dessutom tror jag att en viss självövervinnelsekomponent med dess samvetsslitage fanns med också i Speers fall.

Vi minns hans litet hjälplösa funderingar i Spandau kring Hitlers vulgära blomsterbuketter och färdigknutna slipsar, hans ganska frånstötande yttre och hans groteska judefientliga orationer mellan soppan och legymerna.

Vad Speer talar om är de otaliga tillfällen då hans idealiserade Hitlerbild får sprickor. Och vi har tidigare sett hur människor med starkt idealiseringsbehov hanterar sådana sprickor: De smetar tjockt med nytt idealiseringsspackel över rispan.

Den är psykiskt ganska slitsam denna pendelrörelse mellan ögonblick av kritiskt seende och överslätning och bäddar för ganska avancerat självbedrägeri. Självbedrägeriet är en av det somnande samvetets många vaggor. I Albert Speers memoarer kan man med viss förvåning konstatera att han så sent som på våren 1944, när han återinträtt i tjänst efter sin sjukdom, i långa memoranda vädjar till Hitler om dennes hjälp, bistånd och förtroende när han vill något som ingen annan vill eller upptäcker något som inte är som det ska.

Sedan länge vet Speer med ena halvan av sitt förnuft att Hitler inte är någon att vädja till längre. Med andra halvan kan han inte låta bli – dels förstås för att det inte finns så mycket annat att göra i det system Hitler byggt upp – men framför allt därför att han ännu bevarat bilden av den lyssnande, förstående och mycket allsmäktige Hitler i sitt hjärta och envist vägrat att ta kål på den.

Så helt fri från självövervinnelsesyndromets "tysta ditt bättre vetande" var inte heller Albert Speer fast hans personlighet inte i övrigt liknade den nazistiska prototypens.

Detta är en aspekt på hans samvetes tvinsot i hans desintegrerade personlighet. Tvinsoten som bland mycket annat tillät honom att vända bort blicken från Auschwitz och Birkenau, Dachau och Treblinka och allt vad de hette de där vedervärdiga barnen av hans paradoxala epok, vars paradoxer hade otvetydiga motsvarigheter i hans eget väsen. Men minst lika viktiga i vår översikt över samvetets mutationer är andra påfrestningar han mötte på den väg han vandrade och som borde ha slutat i galgen natten mellan den 3 och 4 oktober 1946 i fångannexets gymnastiksal intill justitiepalatset i Nürnberg.

För om vi lämnar judefrågan och går över till de gärningar Albert Speer faktiskt dömdes för i Nürnberg, den hänsynslösa rovdriften av slavarbetskraft, finner vi att mycket av den anständighet han en gång hade besuttit bröts ned av mekanismer snarlika dem som sände Höss samvete till sopstationen.

Sent i livet, bara två år före sin död, skriver Albert Speer sin tredje bok ”Slavstaten”, som fick mördande kritik och som han själv i efterhand var rätt olycklig över. ”Slavstaten” är i huvudsak en ganska ostrukturerad redogörelse för maktkampen mellan Speer själv och Himmlers SS men innehåller också självförebråelser över att han inte gjorde tillräckligt för att förhindra den vedervärdiga behandlingen av internerna i de av SS kontrollerade tvångsarbetslägren.

Faktum var nog att Albert Speer inte gjorde ett jota för att förhindra någonting och att han fram till Dora inte brydde sig det minsta om hur hans slavar levde och bodde så länge de arbetade. Det var liksom inte hans bord.

Han var inte ovetande. Redan när han tillträdde som rustningsminister i februari 1942 hittade han ju i Fritz Todts skrivbordslådor papper som rapporterade om stora problem med arbetskraften i rustningsindustrin. Problemet var just de stora mängderna tvångsrekryterade arbetare som inte kunde erbjudas acceptabla förhållanden och därmed bland annat kunde förvandlas till säkerhetsrisker.

Och Albert Speer hävdar faktiskt upprepade gånger i sina böcker och samtal att han blev bekymrad. Inte av medlidande med de miljoner som fraktades likt boskap till fabrikernas koncentrationsläger men därför att hela arbetskraftshanteringen var så klantigt skött.

Det hade ur alla synpunkter varit bättre att ta de frivilliga österifrån utan tvång, det hade kommit många nog, menade Speer. Med god behandling och utbildning av ett mindre antal människor hade man nått bättre resultat än med det urskillningslösa anhopandet av folk som bara dog. Därtill förordade han som bekant att Tysklands kvinnor skulle tas ut i arbete. Han fick inte gehör för någon av sina tankar hos Hitler.

Så han fick knoga på under de villkor som gavs. När allt kom omkring var det industriledarnas sak att övertyga SS, som ju stod för lägerförvaltningen, om att det behövdes levande arbetare i fabrikerna. Speer, han ritade upp produktionsflöden, höll kontakt med industrimagnaterna, köpte råvaror, stimulerade fram ny teknik, sörjde för transporter, skydd och flexibilitet i produktionen, gjorde upp katastrofplaner ett, två och tre när de allierades bombmattor började trilla ned från himlen.

Så varför skulle han närmare befatta sig med något moraliskt problem i anslutning till slavarbetarna. De fanns där de fanns och när allt kom omkring gick de ju inte att undvara. De var trots allt ryggraden i produktionen och producera måste han.

Men han ville inte se dem med egna ögon. Länge nog lyckades han också undvika det. Som vi vet nedsteg han i Dora först sent på hösten 1943.

Att han hölls informerad om de allt grymmare förhållandena är emellertid ställt utom varje tvivel för det var till honom man klagade när hela kontingenter arbetare avled i någon hopplös epidemi eller svalt ihjäl trots att Himmler rodde fram kaloritabeller som enligt försäkran skulle garantera tillräcklig näring. Som chef för krigsproduktionen var han ansvarig för arbetskraften även om han inte förvaltade lägren eller själv rekryterade några massor.

Albert Speers samvete rasade nog aldrig ned i krematorieelden. Det tillbakabildades sakta av känslomässig svält, av allt det kolossala som omgav honom: Hitler, ”kärleksbanden”, arkitekturen och storhetsvansinnet som debuterade redan där. Empatins och den balanserade eftertankens landamären försvann tidigt i ett avlägset fjärran när hela Berlin skulle byggas om och människorna centrifugeras ut i förorterna för att ge plats åt segeravenyerna.

Sedan kom rustningens jätteprojekt. En industriell hantering som hette duga. Teknifieringen, abstraktionen av den verkliga verksamheten. Och naturligtvis, hur han än ansträngde sig att backa upp Hitlers galna krigföring, infann sig motgångarna och i samband med dem den slitsamma pendelrörelsen i relationen till Hitler, det sprickande kärleksförhållandets folie à deux.

Som grädde på moset så detta med Massan, gruppdynamiken, moralens mutationer när de levande människorna upphör att existera och ersätts av Uppdraget. Redan fyra sekler tidigare har ju Machiavelli slagit fast att personlig moral och maktens moral för det mesta inte går att kombinera: Personligen kan Fursten avsky giftmord men om hans dynastis överlevnad kräver det måste det utföras. Tesen är densamma som Baumann driver när han talar om hur vi substituerar ett samvete med ett annat.

Även Albert Speer bröts ned av att hans administration var så väldig att den dignade under sina egna dimensioner. Det gällde inte minst slavarbetskraften. Den standard han ville upprätthålla i lägren, som han intervenerade för ibland, var omöjlig i det långa loppet. Allt eftersom kriget gick mot nederlag blev läget i produktionen allt mer kaotiskt. Ständigt fick han improvisera. Han kunde inte vinna kriget åt den där mannen. Men han kunde inte sluta anstränga sig. Han kunde inte upphöra att låta sig drivas av ett slags grupppsykotisk besatthet, som innebär att människor, ofta hårt sammansvetsade av någon gemensam mission, fortsätter framåt även ”beyond the point of no return”, fortsätter att ursinnigt springa mot avgrunden. Albert Speer sprang och sprang som en ekorre i den enorma organisationens hjul, organisationen han skapat och som var hans Makt utövad under tilltagande maktlöshet.

Det tar slut först där i stolen på slottet Glücksburg. Kanske ägnar han sig i sin djupa, orörliga koncentration åt att återuppliva sitt samvete. I så fall kan man ha olika uppfattning om huruvida det lyckades. Ja, det råder mycket delade meningar om den saken.

Samvetets halveringstid kan vara kort eller lång men ett successivt förlopp är det frågan om hos alla människor som är friska nog att ha ägt ett samvete. Samvetet måste låta sig övertalas, medvetet, halvmedvetet eller omedvetet. Det kan ske med hjälp av halsbrytande kombinationer av argument som mynnar ut i att det man vill göra också blir rätt eller i att ändamålet helgar medlen. Det kan ske genom att man lyfter blicken mot himmelen och inbillar sig guds välsignelse.

Under min resa med Speer och Höss och Himmler och många till, bland andra Stasiangivarna i DDR, som den brittiske historikern Timothy Garton Ash viker ut i sin bok ”Personakten”, har jag funnit att en förskjutning av sinnet för proportioner nästan alltid tillhör processen. Eller om vi så vill, för att än en gång apostrofera Zygmunt Baumann, ett skifte av fokus för moralen, ett skifte av inre kompass.

I ena ändan har vi megalomanin, omåttligheten som svepte med sig den unge Speer i sin svallande gränslöshet och som förvandlade till och med självaste Hitler till en optisk villa så som Speer själv ju uttryckte saken i en mer mångbottnad sammanfattning av väldighetens människoförakt än han själv kanske insåg. När mängder, magnituder och diametrar spränger alla rimliga gränser händer någonting med vår förmåga att väga och mäta. Samvete handlar oerhört mycket om vår förmåga att väga och mäta.

Samma sak händer emellertid också när proportionerna blir för små. När det vi gör ter sig som en fullkomlig bagatell fast vi dunkelt anar att något till principer och konsekvenser betydligt större återfinns i tangentens riktning, vid vägs ände. Också inför en förkrympt handling förvillas vårt livs ögonmått. Som när Stasimedarbetaren bestämde sig för att ”samarbeta” litet genom att skvallra fullkomligt nonsens om en god vän och därmed eventuellt göra sig förtjänt av en utrikesresa. Hon slutar givetvis som kvalificerad angivare som spionerar till och med på sin familj.

Låt oss grubbla några ögonblick över detta med proportionerna, proportionslösheten och vår tid.

Jag har snuddat vid medierna och den fullkomliga massaker på rimliga proportioner dessa kan ägna sig åt när något vinstnummer från gräv- och kändisjournalistikens bingolotteri ramlar in på redaktionernas nyhetsdeskar.

En annan bekymmersam aspekt av vår tids megalomani är penningrörelserna på den oreglerade marknaden. Summorna som cirkulerar står inte Albert Speers kupolhall efter i format, en snabbhetsfaktor tillkommer som inte var så markant på Hitlers tid, kommunikationstekniken gör varje eftertanke till en överflödig lyx, gruppdynamiken trycker på med sin kollektiva blindhet, låt vara att blindheten inte stödjer sig på auktoritära dygdereflexer utan på det kortsiktiga egenintresset, den ekonomiska vinsten, som kan vara en så trivial och självklar hänsyn att ta men som vid vägs ände kan trona över stor moralisk ödeläggelse, inte minst över högar av pulveriserade samveten.

I vår tids måttlösa maktutövning på marknadens olika arenor ingår också det drag av kaos och desperation som ingick i det sammanstörtande Hitler-Tysklands moraliska erosion. Ett system som inte tillåter efteranke tillåter nämligen inte heller mycket till val. Och en människa som måste besluta snabbt men inte har utrymme att välja – det är en ganska desperat och maktlös människa mitt i maktutövningen. I den hanteringens vokabulär ingår knappast ordet samvete.

Massa, makt och maktlöshet inflätade i varandra misstänker jag ingår i de moraliska tillkortakommanden som stundom faller ut ur invandrar- och flyktingpolitikens komplicerade beslutsgång – en annan stor och utmanande social dynamik, signifikant för vår tid.

Att hantera dessa mängder – som exempelvis invandraradministrationen med den förkättrade utlänningsnämnden i Sverige – att vara klämd mellan olika hänsyn – de översiktliga, som handlar om konsekvens och konsistens i en politik som trots allt inte kan bygga på öppna gränser och de personliga som kan ömma starkt – att i uppdraget faktiskt ha skyldighet att skilja agnar från vete, att ständigt tvingas fatta beslut som i bästa fall är de minst dåliga, där kräver samvetet specialbehandling i känslobad och syretält för att det inte sakta men säkert ska domna bort.

Håller vi oss till det moraliskt och politiskt samvetsprövande område som ju invandringen numera är i alla europeiska länder, kan vi litet till mans finna exempel på reaktioner och beslut som i sitt aktuella sammanhang är både bagatellartade och rimliga men som i sin förlängning bär på en svårbemästrad etisk problematik.

Som när personalansvarige på den lilla firman, som inte har råd att göra en enda anställningsmiss, systematiskt rensar ut folk med utländska namn – för att den nye måste kunna perfekt svenska.

Det är rätt vanligt och fullt begripligt. Man kan alltid lugna sitt samvete med att det inte är invandrarna man har något emot utan en invandringspolitik som lett till att svenskan är eftersatt bland de nya svenskarna.

Likväl är jag för egen del inte absolut säker på hur mina motiv ser ut när jag sträcker mig efter reklambroschyren till en städfirma på vilken jag finner en ägare som heter Ing-Marie och ett telefonnummer på Söder: Viss chans att det är en svensk! Omedelbart ryter jag till mig själv att det inte betyder någonting, att det enda viktiga är att fönsterputsningen är OK och att det faktiskt bara var en slump att jag två gånger har blivit ganska tråkigt bemött av unga invandrarkillar som knappt kunde någon svenska alls.

Låt mig ännu parentetiskt påpeka att förekomsten av ett fungerande samvete yttrar sig när det prövas i ett dilemma. Att göra ”rätt” utan att ha varit benägen att göra ”fel”, att göra på något annat sätt, till vars förmån hundra goda skäl talar men som kanske ändå inte borde göras, är ingen konst, precis som det inte är svårt att vara modig om man inte är rädd.

Av den anledningen får alltid de indignerade raserianfallen som nationens samvete, de intellektuella, brukar vräka över beslutsfattare som ibland har att hantera omöjliga dilemman ett visst löjets skimmer över sig. Likväl är de naturligtvis viktiga därför att de står för ett oundgängligt perspektiv.

När jag här har jämfört moraliskt tvivelaktiga företeelser i vår tid och därtill talar om riskerna för att samvetet ska upphöra att fungera som mänsklig kategori, med förhållandena i Nazityskland och med det moraliska totalhaveriet hos dess aktörer, finner jag det viktigt att understryka att jag absolut inte hävdar någon porträttlikhet eller annan omedelbar överensstämmelse mellan då och nu. Absolut inte!

När jag ser och hör penningstinna direktörer och representanter för industriförbund i när och fjärran försvara ekonomiska fallskärmar som faktiskt inte hör hemma på jorden eller optioner som är rent ut sagt snuskiga både till innehåll och funktion, ser jag vid gud inte gaskamrar och krematorier hägra vid en svart horisont. Det jag ser är att någonting har lossnat i samvetets fundament och jag tror att det är förmågan att väga och mäta med rimlighetens mått.

Jag säger inte att ett sådant släpp i sinnet för proportioner nödvändigtvis är första steget på den väg som till Auschwitz bär. Jag säger bara att ett sådant element fanns, bland mycket annat, i den intrikata process som förvandlade människor till odjur för femtio år sedan mitt i det civiliserade Europa.

När jag pratar om invandringen i Sverige och andra länder och de utstötningsmekanismer vi stundom kan iaktta hos oss själva och hos beslutsfattare hävdar jag inte att det ska stämplas hakkors i pannan på oss eller dem som värjer sig mot utlänningar.

Jag hävdar bara att nazismen blev möjlig därför att den hjälptes fram, bland annat, av den mycket mänskliga egenskapen att trubbas av medan man går från eventuellt moraliskt tvivelaktiga bagateller till katastrofala beslut.

I detta kapitel om samvetets halveringstid har vi försökt förstå vad som hände med de där människorna som välsignade gasen och tackade sin skapare för att de slapp allt blodet och vi fann att man kan känna igen deformeringens mekanismer. De är inte okända i vår tid, fast de idag inte samverkar på det katastrofala sätt som skedde för mer än femtio år sedan. Den gången var det som om en ond stjärnbild ställde alla ödets nycker, alla historiens krafter och alla människans tillkortakommanden i en grotesk konstellation i förhållande till varandra så att det ur ett anständigt samhälle kom att fällas ut ett helvete på jorden med Djävulen och alltihopa. Inte minst med hans arkitekt.

När jag hävdar att många av de väsentliga deformationsmekanismerna existerar även i vår tid varnar jag inte för att de en dag samverkar på samma sätt med samma ohyggliga resultat. Jag tror som sagt inte att historien upprepar sig. Det jag säger är bara att ingen civilisatorisk katastrof blir till utan att människornas samveten tystas, förtvinar, tillbakabildas eller sänds till sopstationen. Om och hur detta eventuellt kommer att ske i framtiden i vår världsdel kan vi inte veta – så fjärran från en sådan uppvisning har vi ju inte varit i det forna Jugoslavien.

Vad jag emellertid tror är, att när nedbrytningen börjar, följer den detta mönster. Helt, delvis eller med variationer, men lik förbannat detta mönster.

IV

Skuldens marianergrav

Vad godtog han under två decennier i Spandau då han om och om igen påminde sig själv och andra om att han accepterar sin skuld? Vad innebar den mer bestämt? Vad var det han urskilde under sin tysta färd ned i djupen där stoltheten bodde granne med ångern över något han aldrig förmådde nämna vid namn? Vad var det som stod för honom, dunkelt såsom i en spegel, men stod där ändå, år efter år efter år fram till det allra sista då han gick förlorad i en ung kvinnas famn?

När Gitta Sereny ställer frågan Albert Speer har väntat på i flera veckor, väntat på under stigande anspänning därför att han har svårt att ljuga för människor han fattat förtroende för, händer något märkligt.

Hon har formulerat sig anmärkningsvärt rakt på sak, denna envetna, påstridiga men samtidigt inkännande journalist:

– Jag tror jag vet vad ni visste om judarna, fyrar Sereny av, men kunde ni inte själv gå litet längre än ni hittills har gjort?

Och inför Gitta Serenys ögon sjunker Albert Speer ihop – en liten, liten aning. Den farliga charmen är helt borta, han är plötsligt inte alls så stilig som hon hela tiden har funnit honom. Han är bara en mycket trött gammal man som trevar efter orden: Jag anade ju att det var något fasansfullt som pågick...

Nej, säger Gitta Sereny. Sådant anar man inte om man inte vet. Man anar inte i ett tomrum! Ni visste!

Albert Speer är moltyst. Så reser han sig, försvinner ut i

sitt arbetsrum och återkommer efter ett tag med ett pappersark i sin hand.

– Läs, säger han. Gör vad ni vill med det. Och så talar vi aldrig mer om detta!

Papperet är en kopia av ett brev Albert Speer har sänt till en herr D. Diamond i Sydafrika, chef för en organisation av inflytelserika sydafrikanska judar, som ville stoppa den lokala utgivningen av den beryktade pamflett som ifrågasatte att Förintelsen verkligen hade ägt rum. Diamond hade av Speer begärt något slags utlåtande och Speer hade författat en skriftlig försäkran om vad som faktiskt bevisades i Nürnberg.

I brevet upprepar Speer än en gång – och vi lever nu 1978, han är 73 år gammal och har varit fri i tolv år – att han helt och fullt accepterar grunderna för sin dom i Nürnberg. Och mer än så. Fortfarande var det väsentliga för honom att han bar ansvar för alla brott som begicks av Riket sedan han blev medlem av Hitlers regering den 8 februari 1942. De alltjämt befogade anklagelserna som tyngde honom gällde inte i första hand enskilda, individuella handlingar, även om allvarliga sådana också fanns att ångra, utan hela hans beteende som en del av regeringen.

Så kommer slutklämmen i detta brev. Speer säger att han fortfarande den dag som är anser att han bär störst skuld för sitt tysta medgivande till förföljelsen av och mordet på miljoner judar.

Han har använt det svåröversättliga tyska ordet Billigung som Sereny tolkar till engelskans ”tacit acceptance”, en tolkning som Speer senare godtar. Också när meningen återöversätts till tyska inför publiceringen av Gitta Serenys Speerporträtt i Die Zeit Magazine godtar han hennes tolkning med ett mycket intressant litet tillägg. Han säger att ”Billigung” ska förstås så att han såg bort, för att slippa uppfatta att ordern gavs och verkställdes.

Speer menar vad han säger när han inte vill tala om saken mer. Men han svarar på en sista fråga från den faktiskt ganska omtumlade Gitta Sereny:

– Varför medger ni nu detta så här öppet när ni hittills har förnekat så envist?

Han rycker lätt på axlarna: – När det gäller den här saken och inför de här människorna ... ville jag inte, kunde jag inte ... schackra ... (wollte ich nicht-konnte ich nicht-handeln).

Och Gitta Sereny avslutar sin magnifika berättelse med den självklara slutsatsen: Hade han sagt så här mycket i Nürnberg hade han blivit hängd.

I ärlighetens namn har vi ju anat länge hur det låg till. Att det var ungefär så här sanningen såg ut. Åtminstone så här. Helt säkert var minnena som Albert Speer sakta slukades av i Spandau, under alla de blytunga åren han hade schackrat till sig i Nürnberg, mer detaljerade än han någonsin redovisar. Säkert såg han bilder och hörde ekon av allt han under årens lopp vände sig ifrån – fast jag fortfarande är benägen att tro att han aldrig hade kunnat föreställa sig det hela konkret, hur gaskamrarna och krematorierna såg ut, hur det hela gick till!

Icke desto mindre är det förstås sanningen om gaskamrarna han väjer för när han lägger sin biografi till rätta genom spaltmil av text. Sanningen om var en sådan som han hamnade till sist:

Livet igenom hade han flytt obehagligheter genom att vägra ta dem till sig, genom att låtsas att de inte fanns. Hans kolleger hade ju lagt märke till det redan på arkitektbyrån, då för länge sedan i en annan tid i en annan galax. Han hade utvecklat sitt särskilda mästerskap i att vända ryggen till när de andra ungdomarna trasslade till saker och ting runt omkring honom. Han ville inte veta vad han såg när han såg Kristallnattens glassplitter på Berlins gator, när han såg judarna samlas på stadens järnvägsstationer. Han ville inte veta vad han hörde när han hörde Hitler mala på mellan soppan och legymerna.

Men det man inte vill veta, det vet man redan, som sagt var.

När Albert Speer möter sig själv som fånge nummer fem i Spandau möter han en man som hade vaknat till insikt om att han gick över judarnas lik med långa, målmedvetna steg vid Hitlers sida, han hade vaknat mitt i paraden, han hade snubblat av förskräckelse, nej, han hade nästan dött av förskräckelse men han hade fortsatt att gå. Han hade fortsatt att gå över de där nakna högarna, massorna, travarna som visades honom i Nürnberg. Ja, han hade faktiskt gått där och klarat av det med sin brottsliga gåva att låtsas att det inte var där han gick.

I cellens djupa tystnad möter Albert Speer den här mannen och han betraktar honom med fasa. Om och om igen vänder han bort blicken, om och om igen fixerar han på nytt. Andra bilder av samme man kommer och går som dubbelexponeringar av ett grundmotiv. De bilderna känner vi väl, bilderna av den duktige, professor Tessenows favorit, Hitlers olyckliga kärlek, sedermera den ende i Hitlers regering som de allierade motståndarna fann intressant, den ende de faktiskt inte hade tackat nej till om han hade bytt sida, den ende domarna i Nürnberg visade respekt, den ende en hedersman som von Stauffenberg hade plockat med i sitt tänkta lag.

De första tio åren i fångenskap tränger grundmotivet tydligt igenom varje dubblering och förvandlar den till en grimas, en sarkasm. Allt, precis allt han någonsin gjort som arkitekt, som organisatör, som chef och som människa är ogiltigt, fullkomligt deformerat av det underliggande porträttet av den stilige mannen vid Hitlers sida, iförd stövlar och uniform, koppel och skärmmössa, hakkorsbindel på ärmen och alla de övriga insignierna, alla hans moraliska liknöjdhets övriga tillbehör.

Sakta sjunker sedan grundmotivet undan och de andra bilderna framträder mindre förvanskade. Ja, riktigt tilltalande till sist. Men jag tror det grundläggande aldrig lämnade honom. Kanske inte ens i den förlåtande unga kvinnans famn.

Därom tvistar som vi vet de lärde samt Gitta Serenys läsare världen över. Många anser att Albert Speer aldrig var den ångerfulle botgörare Sereny gärna vill göra honom till. Många anser att inte ens hennes egen text övertygar om att Speer egentligen kände någon outhärdlig skuld. Han var kanske ingen inpiskad lögnare och posör, som hans argaste kritiker har påstått. Han gick kanske ganska hårda duster med sig själv och sanningen, något som förtjänar erkännande framför allt därför att han ändå var så ensam i detta värv, men nog var han, summa summarum mera stolt över sig själv än skuldtyngd och ångerköpt.

Den tolkningen av Gitta Serenys verk låter sig mycket väl göras. Hon lutar ditåt själv ibland när hon fångar honom i ögonblick av hejdlöst naken självupptagenhet. Men inte heller den bilden är entydig om man bestämmer sig för den.

För Albert Speers beteende under de femton år i frihet han med möda tar sig igenom tyder på att han förvisso är självmedveten, som han på något plan alltid har varit, och samtidigt tyngd av en börda han aldrig lär sig handskas med, en börda av ett förflutet som följer honom varje vaken minut, varje vaken sekund. Albert Speers tillvaro efter Spandau är en kamp för att hitta ett modus vivendi i ett liv som egentligen inte går att leva därför att det inte hör hemma någonstans i vare sig tid eller rum.

När Albert Speer, 61 år gammal, stiger ut genom Spandaus portar några sekunder över klockan tolv natten mellan den 30 september och 1 oktober 1966 möts han av sin hustru, sin advokat och ett gigantiskt pressuppbåd inklusive televisionen vars strålkastare kunde föra tankarna till hans egen Nürnbergkoreografi – så mycket annat hade han inte att associera till efter tjugo års isolering.

När dörrarna öppnas springer Gretel Speer med snabba steg uppför trappan sin make till mötes och alla väntar på kramen, den första på över två decennier. Den kommer inte. Herr och fru Speer skakar hand.

Vid den svarta Mercedesen som väntar nedanför får advokat Fläschner hindra Albert Speer från att sätta sig i framsätet bredvid chauffören. Där hade han ju alltid suttit, det vill säga på Hitlers tid, när han inte körde själv. Fläschner ser till att få honom inbaxad i baksätet bredvid fru Speer. Under färden till det hotell där makarna ska övernatta känner advokaten som satt sig på Speers plats att något är fel i baksätet. Något är absolut åt helvete fel.

Hur i herrans namn skulle de där två främlingarna någonsin lära sig leva med varandra? Det hade de ju inte gjort sedan den där dagen för trettiofyra år sedan då kanoterna fiskades upp ur den lilla sjön någonstans i Ostpreussen och de var mycket unga.

Mycket tyder på att de heller aldrig lärde sig särskilt bra och att båda var olyckliga, Gretel dessutom tidvis bitter. Albert hade trots allt sin självupptagenhet att krypa in i medan Gretel bara hade ett spöke från en tid alla ville glömma att ty sig till.

Nå, hon hade ju barnen och det var sannerligen något han inte hade. Sedan de genomlidit den festliga återföreningen som alla utan undantag betecknade som ohygglig försvann barnen åt olika håll som oljade blixtar och det dröjde länge innan de återvände. Några av dem gjorde det väl aldrig.

I det slutande 1960-talets Västtyskland blev Albert Speer relativt snabbt en offentlig figur. Han var ett eftertraktat vittne från en historisk epok som nya generationer tyskar kände skräckblandad nyfikenhet inför. Formellt var han skuldfri eftersom han hade avtjänat sitt straff.

Likväl fick han livet ut finna sig i att inte vara accepterad av den samtid i vilken hans sista femton år utspelade sig. För oerhört många var han rätt och slätt pestsmittad, om än av utomordentligt olika skäl. En Rudolf Wolters avskydde hans mea culpa och avståndstagande från Hitler, många andra igen blev utom sig av att möta honom och tänka på att "om Hitler hade haft vänner hade vännen framför andra varit denne man".

När Spandaus portar hade öppnats fann Albert Speer ganska snabbt att han var en anomali i sin omvärld och i praktiken blev han oförmögen att kommunicera med någon – om han nu någonsin hade kunnat det. Ingen ville tala om det förflutna vilket var det enda han kunde tala om. Någon av Albert Speers forna beundrare försökte arrangera sammankomster med representanter för det moderna Tysklands industri och politik men de var dödfödda företag. De flesta ville inte komma och de som kom började förr eller senare känna sig illa till mods medan Speer själv obönhörligt trillade ut ur sammanhanget. Dessa kvällar fördrev han för det mesta tyst stirrande i taket.

Rudolf Wolters, som hade lagt ned oändlig möda på att underlätta både Speers tillvaro i fängelset och familjens utanför fängelset, drabbades av ett blixtnedslag när han vid återföreningen fick syn på sin gamle chef och vän, såg honom med ogrumlad blick för första gången på tjugo år, nej för första gången överhuvudtaget: "Jag tyckte inte om honom", sade han långt senare till Gitta Sereny, "plötsligt tyckte jag inte om honom, denna otillgängliga främling från en annan tid!"

Albert Speers hustru läste till att börja med inte hans böcker och ville inte tala om det förflutna. Vad fanns då för makarna att ägna sig åt? Trädgårdsskötsel kanske?

Saker och ting förändrades så småningom. En viss kontakt med barnen, för att nu inte tala om barnbarnen, började spira mot slutet av Speers liv. Dottern Hilde förefaller att fortfarande vara den som kommer honom närmast.

Även om Albert Speers stolthet aldrig dör, vilket är provocerande exempelvis för en Rudolf Wolters, är hans liv i frihet på det hela taget mer tragiskt än värdigt. För också om han inte hela tiden är nedtyngd av ånger och ännu mindre klär sig i säck och aska, lever han ett liv i oavbruten kamp med sin fördömelse. Han vet att han i någon mening inte riktigt får finnas till, fast han viker ut sig i tid och otid för alla som vill lyssna, skriva och plåta. Eller just därför.

Vad gör man när det står absolut klart för en att man indirekt deltar i ett systematiskt folkmord? Är insyltad i det som numera går under namnet Förintelsen, bidragande genom att i tio år ha delat mål och strävan med de här människorna som verkställer den?

Gitta Sereny menar att man dör om man fattar skulden i hela dess vidd. Med en sådan börda kan ingen människa leva.

Serenys teori om Albert Speer är den att han klövs i två delar när katastrofen stod klar för honom. En del av honom lade sig ned för att dö. En annan som hyste hans väldiga utrustning av mångförgrenad styrka inklusive självmedvetandet ville leva.

Styrkan vann men till priset av ett slags förtappelse. Redan när Albert Speer steg upp från sin sjukbädd i maj 1944 för att fortsätta sina ansträngningar att vinna kriget åt den där mannen stack förnekelsen upp sitt bedrägliga tryne inom honom. I Nürnberg och Spandau kom han sedan så nära ett liv i sanning han någonsin skulle komma mötande en skuld och en smärta som fick en del av hans väsen att längta efter galgen eller i varje fall efter att Spandaus portar aldrig skulle öppnas. Därefter följde livet i frihet där den starka prestationsmänniskan Speer undan för undan tog över: Efter Goldhageneländet 1971, då han tvingades ut i extrem försvarsposition, började han leva sin livslögn med stor ihärdighet, menar Sereny.

Albert Speer blockerade inte minnet så att han trodde att han talade sanning när han ljög, säger Gitta Sereny. Han visste att han ljög och han led som ett djur. Det länder honom till heder.

I huvudsak är det lätt att dela Serenys skarpsinninga resonemang fast med några tilläggsfunderingar.

Hur länge kan man vistas i en marianergrav av skuld utan att drunkna? En tid, tror jag. Somliga till och med en lång tid, men få av oss en mansålder. Till sist måste man börja simma åt något håll, mot något litet korallrev av självbedrägeri.

Albert Speer ljög i Nürnberg. Ganska sanningsenligt men ljög ändå. Det vet vi vid det här laget.

Därefter följer Spandau. Jag tror Gitta Sereny har helt rätt i att han där skulle komma så nära den sanning han aldrig kunde nämna vid dess absolut rätta namn som någonsin blev möjligt under hans långa liv.

Jag tror emellertid att den sanningen var av en natur som bara kunde förbli privat och att den nästan förutsatte att han diktade runt den. Han diktade en alternativ sanning som faktiskt var ganska sann den med. För jag tror att det han mötte under dessa oändliga år, då han också aktivt sökte i filosofins och teologins skrifter efter anvisningar hur man överlever i marianergraven, var något man bara kan tiga om: Minnet av störtdykningen mot någon så lik en själv och kraset av en ryggrad som bröts i det ögonblick han förstod…

Nej, det kan man inte tala om. Och som jag tidigare påpekat inte heller ljuga om. Det enda man kan göra är att tala om allt som kommer ganska nära och som ägde sin sanning när det utspelade sig. Var han än gick, gick han ju alltid vid sidan av sig själv.

När Albert Speer valde att leva valde han av nödtvång också att dikta. Och livet igen är så beskaffat att det tränger sig på med nya dagars doft och smak även i ett fängelse. Det tränger på och det tränger undan.

Låt oss lyssna till hur svårt han stundom kunde ha att få ihop det, sin tysta konturlösa grav av skuld med nya dagars liv och nya dagars minnen – redan i Spandau:

"30 januari 1964: Idag för trettioett år sedan övertog Hitler makten. I vår lilla våning i Mannheim följde jag då i radion det historiska fackeltåget som drog förbi Hindenburg och Hitler föga anande att jag kunde komma att spela en roll under den nya epoken… Några månader senare lärde jag av en tillfällighet känna Hitler. Och från detta ögonblick förvandlades allt, hela mitt liv blev liksom ständigt laddat med högspänning. Det är märkligt hur snabbt jag övergav allt som dittills varit viktigt för mig: det privata livet med min familj, mina favoritsysselsättningar, de arkitektoniska principerna. Jag hade aldrig någon känsla av brytning eller ens av att förråda utan av befrielse och expansion – som om jag först nu nått fram till det jag egentligen ville. Hitler skänkte mig under den tid som följde många triumfer, upplevelser av makt och ryktbarhet – men han förstörde också allt för mig, inte bara ett livsverk som arkitekt och mitt namn utan framför allt min moraliska integritet. Förutom att jag är dömd som krigsförbrytare, har berövats min frihet under ett halvt liv och får bära en ständig känsla av skuld, måste jag dessutom leva i medvetande om att ha grundat min existens på ett misstag. Alla andra erfarenheter delar jag med många människor. De här är mina egna.

Men är det på det hela taget riktigt att Hitler var den stora destruktiva kraften i mitt liv? Ibland förefaller det som om jag också hade honom att tacka för all den extra vitalitet, dynamik och fantasi som gav mig känslan av att lösgöra mig från den mark alla står på. Och vad skall det innebära att han skulle ha tagit mitt namn ifrån mig? Hade jag överhuvudtaget haft något om inte han hade varit? Paradoxalt nog kan man säga att det var det enda han gav mig och aldrig kan ta ifrån mig. Man kan knuffa in en människa i historien men aldrig tränga ut henne därifrån.

Skulle jag vilja falla ut ur historien, frågar jag mig? Vad betyder min plats i den för mig, hur ringa den än må vara? Om jag idag för trettioett år sedan hade ställts inför valet att antingen föra ett lugnt och respekterat liv som stadsbyggnadsråd i Augsburg eller Göttingen med hus utanför staden, två eller tre rejäla byggen om året och semester med familjen på Hahnenklee eller Norderney – detta alltså eller alltihop igen: ryktbarheten och skulden, världshuvudstaden och Spandau och känslan av ett förfelat liv – för vilket skulle jag besluta mig? Skulle jag vara redo att betala priset en gång till? Det svindlar för mig inför denna fråga. Jag vågar knappt ställa den. Besvara den kan jag inte."

Samme man har nio år tidigare under intensivt grubbel över sin skuld noterat att han hos Martin Buber läser att man får makt över maran när man ropar dess verkliga namn till den. Han talar dock inte om vilket namn han ropar.

Och fjorton år senare, i vardagsrummet i villan i Heidelberg, lätt ihopsjunken inför Gitta Serenys forskande blick säger han, samme man, att han framlever sina dagar med "frågan om judarna", han lägger sig med den på kvällen och vaknar med den på morgonen. Och det som ofta gör honom sömnlös är att han inte var sömnlös när han borde ha varit det. Inte ens i Spandau.

Fast därvidlag minns nog Albert Speer aningen fel. Han glömmer att han i Spandau knaprade sömnmedel. Vissa perioder så mycket han bara fick och en del vakter var generösa. Han kallade det för att ta semester.

Gitta Sereny har säkert alldeles rätt i att Eric Goldhagens attack mot Albert Speer 1971 raserade den antydan till tillvaro han hade byggt upp åt sig i frihet. Han hade funnit ett slags ro i den version av sitt förflutna som memoarerna redovisar och som majoriteten – absolut inte alla – av hans recensenter hade varit benägna att acceptera. Han hade lagt sig mycket nära sanningen och över sin tysta grav kunde han, när han så ville, lysa ett slags frid.

När Goldhagen sedan satte Speer förhållandevis eftertryckligt på pottkanten rasade hans modus vivendi ihop som ett korthus. Sereny menar att han då upphörde att möta sin skuld och började leva sin lögn i stället.

Ja, kanske. Fast jag tror att anledningen till att Goldhagens fynd gör så ont – det är det värsta som har hänt mig sedan Nürnberg, hävdar ju Speer – är den att Speer därefter inte längre får leva med sin skuld så som han har lärt sig leva med den – i tystnad. Plötsligt river och sliter alla i den, plötsligt står han inför angripande domare av alla de slag och då värjer han sig – ibland med en aggressiv skärpa som ingen tycker att han kan kosta på sig, allra minst han själv, fast han inte kan låta bli.

Jag påminner mig en skärmytsling som utspelar sig mellan Speer och Gitta Sereny innan de talat länge nog för att han skulle ha fått något särskilt förtroende för henne.

De pratar om alla intervjuer han har gett – och fortsätter att ge – under åren, som alltid slutar med samma fråga om judarna och samma svar: Han visste inte fast han borde ha vetat.

”Och varför ställer inte ni den”, undrar Speer i ett plötsligt irriterat utfall mot sin utfrågare? ”Ro fram med den där frågan! Det är ju ändå det enda ni är intresserad av! Låt oss få den undanstökad!”

Gitta Sereny förklarar att frågan kommer, tids nog, ”om och när vi har lärt känna varandra litet bättre”.

Hon ser hans förvåning över att bli både öppet utmanande och respektfullt behandlad. Gitta Sereny är absolut i hans smak.

”Å, ni tänker låta mig vänta”, säger Speer leende. ”Intressant!”

För många är det oerhört provocerande att Albert Speer inte är tillintetgjord av den skuld han påstår sig känna, vilket väl måste betyda att han inte känner den.

Jag tror inte någon med en historia som Albert Speers kan vara i kontakt med sin skuld hela tiden och allra minst tror jag att denna kan ”exekveras” enligt omvärldens förväntningar.

Albert Speer åt god mat, drack gott vin och körde snabba bilar också efter Spandau. Och fast han hade lärt sig mycket om ödmjukhet i fängelset fanns stänk av överklassarrogansen kvar om någon kom åt just den knappen.

Men Albert Speer sökte, som jag redan nämnt, också ensamhet och isolering under åren i frihet. Han kunde tillbringa veckor med munkarna i ett kloster, dela deras liv och tiga. Han deltog i filosofiska och teologiska seminarier bara för att lyssna. Själv yttrade han i allmänhet inte ett enda ord.

Och han krävde att få ställas till svars inför överlevande från Förintelsen och inför anhöriga till dess offer. I regel ville ingen komma men en delegation judar ställde upp till sist på Simon Wiesentahls försorg. Också då satt Albert Speer tyst och tog emot en avsky utan nåd. När familjen undrade varför han höll på, svarade han bara kort att han måste.

Förmågan att känna skuld och förmågan att sörja är besläktade med varandra. Båda bottnar i en inre kraft att uthärda skoningslös insikt. Att se en förlust, ofta större än livet självt, att stå kvar där i seendets förtärande brännpunkt och sedan på något vidunderligt sätt överleva, förändrad men leva ändå.

Både sorgen och skulden kräver tid och tystnad. Det har de stora teologerna, de gudabenådade själasörjarna vetat i alla tider. Föga överraskande är det till sist inte psykiatriker och moralfilosofer som räcker Albert Speer en hjälpande hand i hans kamp med sig själv och sanningen utan teologer ur olika trossamfund. Det innebar inte att Speer vare sig sökte eller fann frälsning i någon religiös mening.

Psykiatrikerna skiljer mellan skuld och skam, skuldkänslor och skamkänslor. Alexander Mitserlich, den tyske psykiatern som mötte Speer redan i Nürnberg och senare i Spandau och som gjorde många skarpa iakttagelser om hans väsen, skrev på 1970-talet en studie om skulden och skammen i Tyskland och om ”Oförmågan att sörja”.

Mitserlich hade studerat den psykologiska dynamiken i nazismens kärnfamiljer och kommit fram till att medlemmarna hade en benägenhet att utveckla narcissistiska personlighetsdrag därför att de så fanatiskt sög egenvärde och livsmening ur den ideologiska tillhörigheten, ur självbespeglingen mot den tusenåriga trollsjöns yta.

I sin numera klassiska bok hävdade Mitserlich att detta narcissistiska handikapp har inneburit att det efterkrigstida Tyskland har varit oförmöget att verkligen uppleva skuld över det förflutna och därmed har tyskarna inte heller förmått sörja.

Även om detta påstående nu trettio år senare är överspelat – tyskarna har på det hela taget kämpat hårt med att se, begripa och sörja sin nazistiska historia – var det välgrundat i sin tid och i sitt sammanhang. Låt oss betänka hur vi har ställt frågan till Albert Speer både förr och nu: OK, herr Speer, Ni skriver så insiktsfullt om skuld och ansvar att det går kalla kårar längs ryggraden. Men känner Ni verkligen skuld? Är inte det närmaste Ni kommer känslan av skuld den i och för sig snitsiga formuleringen att Ni är sömnlös främst för att Ni inte är sömnlös?

Ja, så har vi ställt frågan till Albert Speer som ju hade sina narcissistiska karaktärsstråk, fast de inte närde sig på ideologi utan på mer klassisk självbildsförstärkande kost.

Men låt oss nu ställa den till oss själva, frågan om förmågan att känna skuld, ångra och sörja? Är det den förmågan vi uttrycker när vi breder ut oss i TV-soffan under programrubriken "Förlåt mig!"? Eller ligger det något i Alexander Mitserlichs grundtanke att en narcissistisk kultur – och en exhibitionistisk, hårt konkurrensinriktad modern livsform, skulle jag vilja tillägga – förstör vår genuina förmåga att möta oss själva i livets smärtande brännpunkter medan vi givetvis kan ångra sådant som uppenbart gick åt helvete eller känna skam över handlingar som framkallar andras missaktning?

Dagens nordiska samhällen ter sig ju som fulländade idyller jämförda med den verklighet och de moraliska dilemman som mötte människorna i andra världskrigets Europa. Sålunda har vi som fått växa upp under de här minst sagt lyckliga stjärnorna i över fem decennier förskonats från ödesdigra val av det slag som verkligen frestar på våra inre kompasser och kan åsamka dem svårartade haverier.

Vi har inte ådragit oss skuldbördor i den viktklass som Albert Speers generation hade att kämpa med men vi som blev vuxna på sextiotalet glömmer inte vilken stark lockelse kommunismen utövade på hela den kultur i vilken vi verkade som unga. Somliga lockades mer, andra mindre, men alla levde vi i en förnekelsens atmosfär där kommunismens illgärningar bagatelliserades, ignorerades eller förklarades till det bästa. Och om någon fyrtiotalist med genuint borgerligt förflutet anser sig kunna triumfera med rent samvete vad kommunismen beträffar, så känner jag mig inte övertygad om att det politiska och moraliska blundandets konst var mindre välutvecklad på det hållet fast man blundade för andra obehagligheter.

Vare därmed hur som helst. Jag kan inte tycka att fyrtiotalisternas ideologiska förvillelser är brott som går att jämföra med nazism i aktiv tjänst (snarare med de verklighetsflyende drömmarna hos en Knut Hamsun eller den unge Ingmar Bergman) och jag vidhåller att vi nordbor här och nu är jämförelsevis oprövade av ödet. Jag vidhåller också att nazismens historia var speciell liksom också vår historia är det – femtio år av fred och demokrati har inte varit så många av våra förfäder förunnade – och jag bestrider påståendet att vem som helst av oss skulle kunna förmås att tjänstgöra i Auschwitz.

Frågan jag emellertid grubblar över när jag betraktar Albert Speer där han ursinnigt trampar vatten med sig själv i skuldens och stolthetens malström, är hur vår självreflekterande förmåga ser ut i en epok som premierar självbespegling mer än självinsikt. För det är vår förmåga till förutsättningslös reflexion över vårt livs innebörd och våra vals konsekvenser som mäts i vår förmåga att känna äkta skuld, ånger och sorg när vi har anledning att göra det – och livet brukar inte bespara oss sådana anledningar. En av nycklarna till Albert Speers i grunden tragiska öde, som ju samtidigt har format sig till en av vår tids mest fängslande moraliteter, var ju att han saknade självreflekterande förmåga som hade stoppat honom i tid.

Låt oss återvända till grundbegreppen, skulden, skammen och Alexander Mitserlichs distinktioner som idag är i allmänt bruk inom personlighetsforskningen.

Jag tänker strunta i det överexploaterade begreppet narcissism – som ju ingår i Mitserlichs analys – och tala om vår värld och vår verklighet här och nu där vi i så hög grad lär oss leva och värdera genom att spegla oss i varandra. I mediernas tidevarv – ja, jag är där igen – får vi lära oss vad det vill säga att vara skolbarn, tonåring, ungdom, småbarnsförälder, medelålders, klimakteriekärring, prostatabesvärad man med förflackad pissbåge, avtalspensionär, riktig pensionär, pigg åldring, sjuk åldring och död åldring – för att nu inte tala om livsfaser och livsöden av något mer spekatakulär karaktär däremellan – genom laviner av exempel och utvikningsporträtt som möter oss så fort vi snuddar vid någon fjärrkontroll. (Visst, jag har själv praktiskt taget försörjt mig i den branschen.) Det är som om det mot varje livssituation som behöver tas under övervägande funnes en pappersdocka att känna igen sig i, klippa ut och simulera sig själv med så att verkligheten ter sig mindre som ens egen och mer som någon annans som förvisso är lik en själv.

Den politiska verkligheten, det allmänna, det offentliga, kommer till oss som bilder, illustrerade berättelser om samhället vi lever och dör i, med de välkända figurerna i sina rollprestationer, som vi värderar vid frukostbordet eller i TV-soffan mellan kaffet och frostiesarna eller chipsen och ölet.

I en sådan här värld finns oändligt med utrymme för just det recenserande av oss själva och varandra som Mitserlich avser när han talar om människan som kan känna skam men knappast skuld. I recenserandet bedömer vi hur vi själva gör ifrån oss i livet, inte minst i förhållande till hur andra gör ifrån sig. Blir slutomdömet dåligt blir vi förstås ledsna och deprimerade, ja riktigt skamsna ifall vi vet med oss att förväntningarna varit stora.

Den utvärderingen har inget att göra med den ”känsla för moral” som byggs upp i det djupt mänskliga mötet: i mötet mellan ett ”jag” och ett ”du” där det centralaste är att ”jag” är en autonom person och ”du” är det också, du är också ett autonomt okränkbart ”jag” och vi bär enskilt och tillsammans ansvar för den tillvaro i vilken ”jag” och ”du” ingår.

Den moralen finns inte utan ett starkt jag – vilket inte är det samma som en anslående självbild med goda recensioner – med samvetet någonstans längst in som talar i djupaste tystnad: Jag gjorde illa, riktigt illa och det kvarstår, hur många goda förklaringar jag än kan tänkas redovisa. Och det gör förbannat ont att tänka på.

Saknar vi förmågan att stanna upp och möta oss själva i de smärtpunkter av självinsikt som kännetecknas av att de förblir smärtpunkter därför att saker och ting inte går att ställa till rätta, så lär vi oss inte mycket om vad vi gör och ännu mindre om vad som driver oss under livets gång. Vi bara går på, inte så livsfarligt okunniga om oss själva som en gång Albert Speer och inte heller med så förfärliga konsekvenser, men lik förbannat över gränser som vi inte ser, drivna av lidelser vi inte känner.

Men just det är viktigt: att vi stannar upp, stillar oss och tystnar. Skuldupplevelsen är djupt personlig, bikten är hemlig. Ingen kan ge förhållningsorder om hur skuld ska erfaras och hur erfarenheten ska synas. Den syns i allmänhet genom att inte exponeras.

De djupa skuldupplevelserna är inte till för offentligheten. Frågan jag ställer mig är om mycken offentlighet förtär förmågan att känna skuld?

Människor på toppen av en karriär, i exekutiv funktion, i sin glans dagar har förvisso inte tid och möjlighet att stup i kvarten slå sig ned och möta sina gärningar under tystnad. Men om de ändå äger den självreflekterande förmågan erkänner de halvmedvetet behovet av att stundom göra så, vilket hindrar samvetet från att somna in.

Inflytelserika människors maktutövning ska kontrolleras och tåla offentlighet. Samtidigt kan jag emellertid undra om människor som fortlöpande exponeras i offentligheten, "ställs till svars" av journalister vars yrke är att förebrå, sakta gör sig av med förmågan att förebrå sig själva. Att känna efter, stilla och förutsättningslöst.

Att ställas till svars i offentligheten framkallar säkert skamkänslor och utgör ett utomordentligt straff men ger slutligen säkert upphov till mer försvarsreflexer än skuldmedvetande.

Skuldkänslan börjar där urskuldandet slutar. För mig personligen är de smärtsammaste upplevelserna av skuld knutna till otillbörlig användning av övermakt både i privata och yrkesmässiga sammanhang: Att ge efter för den otäcka mänskliga impulsen att låta sig provoceras av andra människors svaghet och göra dem illa.

Jag ska inte inveckla mig i personliga bekännelser på den här punkten. Det centrala är att vad jag känner skuld för är sådant som ingen kan ställa mig till svars för. Det är bara jag själv som vet vad jag verkligen gjorde. Hur en moralisk hämning brast som var den enda nåd min medmänniska hade att hoppas på. Till mitt handlande fanns många goda förklaringar om jag nu skulle tröttna på att reflektera över vad jag verkligen gjorde.

I en förebråelsens kultur – vare sig det gäller kyrklig inkvisition eller mediesamhällets oavbrutna trial by newspaper – har upplevelsen av ansvar i termer av känslomässigt förankrad skuld – inte bara i de termer Albert Speer så elegant svänger sig med när han är som värst – inte så stor chans. I en sådan kultur blir makten rätt farlig för dem som har den. Inte minst för förebråelsens proffs.

På tal om offentligheten finns det hos Albert Speer en tvivelaktig paradox som han givetvis själv är medveten om, hur annars? Han uppträder ju som den nazistiska skuldens mannekäng i sjuttitalets europeiska offentlighet, en snygg och civiliserad mannekäng med tilltalande bildning och självironi i looken och just den omständigheten gör det svårt att ta hans skuldupplevelse på allvar.

Sedan bör man i rättvisans namn, när debet och kredit i fallet Albert Speer och sanningen ska summeras, räkna honom till godo att han under en av de där trötta dagarna med Gitta Sereny säger att han känner att han moraliskt tar skada av att överexponera sin skuld, prata om den för mycket och för ytligt.

Jag tror att det ligger mycket i Gitta Serenys anmärkning att om man till fullo förstår, känner, vad man gjort sig skyldig till när man varit med och styrt Tredje Riket, vid Hitlers sida, så kan man inte leva vidare. Eller om man vill uttrycka det i mystisk kristen anda: För att leva måste man dö. Allt man en gång varit måste dö för att ett liv i en förut okänd trakt av bot ska vara möjligt.

Albert Speer snuddade vid den insikten. Men han orkade inte dö. Han orkade inte krossa sitt mänskliga högmod, han förmådde inte förlora sin stolthet, han kunde inte bli en annan människa. Han kunde bara vara den människa han var. En ensam man som slutligen bar sin tunga skuld som en förbannad klenod han inte kunde leva utan. Den var som Hitler eller minnet av Hitler: En oerhörd plåga och en oerhörd mening.

Det är väl det alternativ som återstår när man som Albert Speer sett sig själv speglad i djävulens öga och sedan ändå inte orkat dö.

Jag vet inte om någon av oss har befogenhet att döma honom. Allra minst vi som har valt räfst- och rättartinget att försörja oss på.

Jag har svårt att släppa honom, mannen som trillade in i historien för att han ljög nästan sanningsenligt i Nürnberg.

För sin arkitektur hade han aldrig blivit ihågkommen, i varje fall inte mer än Stalins arkitekter, vilkas namn jag har glömt och som ritade precis som han. Andra världskrigets krönikörer hade kanske nämnt honom i en fotnot för hans rustningsorganisations skull. Bilden av partidagskoreografin med luftvärnsstrålkastarnas ljusknippen mäktigt spelande mot natthimlen illusoriskt imiterande pelarna i en jättelik katedral, hade säkert valsat runt i historieböckerna som belägg för nazisternas handlag med teatraliska effekter men det är inte alls säkert att man hade nämnt spektaklets upphovsman ifall han inte först blivit namnkunnig på annat sätt.

Det är för allt det som kom efter den där dagen i justitiepalatset i Nürnberg, då han stönade sitt tvetydiga puh mellan hårt sammanpressade läppar, som Albert Speer tog plats i eftervärldens medvetande. Det är för vandringen han startar där, när hjärtat och andningen lugnat sig och han leds ut ur rättssalen av två vithjälmade vakter, som han fångar nya generationers intresse. Vandringen runt människans kontinent med dess väldiga vidder av blindhet, fåfänga och skuld samt genom helvetet vars arkitekt han hade varit.

Min fantasi har han sysselsatt i över tjugo år, som sagt var. Och även om jag är långt ifrån ensam om detta förhäxade intresse – Gitta Sereny ägnade ett halvtannat decennium åt

Albert Speer – kan jag undra över varför han aldrig lämnar mig ifred?

Till viss del är anledningen föga märkvärdig. Albert Speers historia är rakt upp och ned fascinerande för var och en som funderar över några av existensproblemens klassiker: Vad är ondska och godhet om nu något sådant finns? Vad gör makten med oss? Vad gör Det Stora Uppdraget med oss? Vad gör förälskelsen med oss? Hur många av oss ser vad som sker när det sker? Vad göra åt de små stegens tyranni, färdriktningen som går förlorad när vi förflyttar oss litet i taget? Hur mycket sanning och insikt om oss själva tål vi egentligen?

Albert Speer med sin styrka och sin svaghet, sin medbrottslighet och sitt gigantiska arbete att komma till rätta med sig själv, fungerar som ett slags moraliskt förstoringsglas i undersökningen av de här frågorna. Så varför skulle han inte fängsla?

Men det har hela tiden varit något mer med honom.

Jag ser en bild framför mig av en mycket avklädd människa i en kal cell, sittande orörlig med blicken riktad mot väggen och mot minnesbilderna som dansar skugglikt i det förflutnas återsken. Han ser sig segeromsusad vid Hitlers sida, de lyckliga dagarna då han blivit nummer ett och ”ännu var moraliskt oanfrätt” som han uttryckte saken i sin dagbok. Så ser han resten som undandrar sig all beskrivning. Och till sist den havererade kompassen, nålen som snurrar oregerligt i ett ödelagt liv.

Den här bilden angår mig. Inte för att jag någonsin har varit i närheten av vare sig de gärningar eller ogärningar som Albert Speer hade att begrunda. Men därför att bilden väcker en välbekant mardröm till liv.

Jag var själv en äregirig ung människa en gång. Tidigt lärde jag mig att njuta av framgång och utvaldhet. Men för varje befordran, som sporrade mig att begära mer, växte den omedvetna ångesten över att allt en dag skulle visa sig vara ogiltigt. Att bluffen som var jag skulle avslöjas.

Till saken hör att karriären som sköt i höjden rätt brant lånade kraft av ideologiska strömmar i tiden. Jag ingick i en rörelse som banade sig väg i sin samtid buren av ung idealism och entusiasm. Därutöver hade jag säkert personliga kvalifikationer som gjorde avancemang möjligt, hade kanske gjort det under alla ideologiska omständigheter.

När Albert Speer fångade mig med sin fängelsedagbok, kom han och hans havererade liv att gestalta något personligt jag inte vågade tänka på.

Just för att Speers öde var så olikt mitt, hans brottslighet och skuld av en annan art än min triviala om ock omättliga hunger efter en bekräftelse, som bara gjorde mig ängsligare för var gång den gavs, var det möjligt att närma sig detta med att ens tillvaro bygger på en bräcklig, ja rentav livsfarlig konstruktion, utan att bli alltför förskräckt. Olikheten borgade för att likheterna kunde bearbetas utan att jag fick syn på dem för mycket.

Samtidigt innebar dock allt detta att Albert Speer hängde sig kvar i mitt undermedvetna som en kompanjon att fantisera kring om än med växlande intensitet genom åren.

I Dagbok från Spandau finns ett kort på Albert Speer – ett av de första jag någonsin såg – där han sitter i sin cell i häktet i Nürnberg och ritar. Eller kanske tecknar han något till sina barn. Jag minns den reflexion jag gjorde, då för ett helt liv sedan, när jag betraktade hans händer, en ganska omtumlande reflexion: Han har arkitekthänder, tänkte jag.

Mitt starkaste fysiska minne av pappa är hans händer. Jag ser dem i höjd med mina ögon när jag nätt och jämnt får näsan över ritbordskanten och intresserat följer vad han gör med sina mjuka blyertspennor och räknestickan som ofta fungerade som linjal och skisspapperet som han slätar ut och spänner fast med häftstift i hörnen för att det inte ska rulla ihop sig.

Jag ser för mig pappas händer också från den tid när jag har blivit större och följer hans pyssel med löparspelet, attrapperna som han limmar med anmärkningsvärd precision med tanke på att han var darrhänt sedan ungdomen. Jag minns den smala handryggen, de långa smala fingrarna, vigselringen och något oerhört karakteristiskt i deras väsen, något harmoniskt och tryggt som har all min kärlek.

Jag minns hur hans händer kändes när jag ännu som vuxen någon gång stack min hand i hans alltid varma. Sista gången jag såg honom, på sjukhuset när han redan hade glidit långt ut i okänt land, lade jag hans högra hand över min och fick en tryckning till svar.

Ja, för mig har händer attraktionskraft och uttryck, inte så olikt ett ansikte. Och frågan är om inte mitt komplicerade öde med Albert Speer beseglades, fick sitt oroande djup när jag såg den där smala handryggen, de långa smala fingrarna med det litet veka greppet om den mjuka blyertspennan.

Jag tror det var en tidig prägling i mitt liv, ett kärlekens och sorgens, ömhetens och övergivenhetens, beundrans och besvikelsens urspår i min tillvaro, som gav sig till känna, nästan som en ohörbar men ändå pockande melodislinga i en komplicerad symfoni, när bilden av den ritande Speer ramlade ned i mitt omedvetna. Mot detta tysta, oavvisliga tema avtecknade sig sedan en text som berättade om Hitlers vän och om andra konfunderande ting och som klingade sprött av ganska trovärdiga lögner. I den obegripliga dissonansen fann jag efter hand allt som kändes viktigt för mig att försöka förstå, det som behövde begripas här i livet.

Och varför var det så viktigt: Jo, för att jag har haft min egen livslögn att tampas med eller låt oss kalla det en dubbelhet som jag inte är klar med än.

Jag tror den handlar om kärleken som jag drömt så mycket om men aldrig velat ha. Den handlar om skräcken för att bli sedd fast jag behändigt viker ut mig i nästan vilket publikt sammanhang som helst. Den handlar om allt det hemliga som jag måste få ha för mig själv, särskilt det jag inte vet om.

Jag tror den handlar om att jag alltid vetat men först sent i livet förstått hur min underbara pappa med sin integritet, distans, sin varma men försagda kärlek och inte minst med sin för tidiga död, kom att förvandla hela den jordmån i vilken min kvinnliga personlighet skulle växa till något av landet som icke är i vilket jag vistats så stor del av mitt liv – ensam och drömsk.

Ja, det är för alla de här gåtfulla damerna i vårt omedvetnas dunkel som Albert Speer måste utforskas, krigsförbrytaren med arkitekthänderna.